知《し》れば知《し》るほど好《す》きになる

世《よ》の中《なか》のひみつ

監修
梅澤真一

高橋書店

はじめに

「世《よ》の中《なか》」って、何《なに》？
「世《よ》の中《なか》」とは、人々《ひとびと》がおたがいに関《かか》わり合《あ》って
生《い》きてくらしていく場《ば》です。
人《ひと》と人《ひと》が集《あつ》まれば、世《よ》の中《なか》になります。
人《ひと》と人《ひと》が集《あつ》まると、よいことも、よくないことも起《お》こります。
世《よ》の中《なか》では、よくないことを少《すく》なくし、
よいことをよりよいものにしようと、人々《ひとびと》が様々《さまざま》な工夫《くふう》をしています。
世《よ》の中《なか》にみられる人々《ひとびと》の工夫《くふう》を集《あつ》め、わかりやすく紹介《しょうかい》したのが、
この本《ほん》『世《よ》の中《なか》のひみつ』です。

くらしのこと、日本《にほん》のこと、世界《せかい》のこと、昔《むかし》のこと、
きまりやお金《かね》のこと、仕事《しごと》のことなど、
たくさんのひみつを紹介《しょうかい》しました。
例《たと》えば、一万円札《いちまんえんさつ》のひみつがあります。

一万円札《いちまんえんさつ》は、一枚《いちまい》の紙《かみ》なのに、なぜ1万円《まんえん》の価値《かち》があるのでしょうか。
考《かんが》えてみると不思議《ふしぎ》です。紙代《かみだい》と印刷代《いんさつだい》だけだったら、
一枚《いちまい》20円程度《えんていど》でできてしまいます。

ほかにも、リニアモーターカーのひみつ、水道水《すいどうすい》のひみつ、
日本列島《にほんれっとう》のひみつ、お雑煮《ぞうに》のひみつ、神主《かんぬし》のはかまの色《いろ》のひみつ、
など紹介《しょうかい》しました。

ひみつを知《し》ることで、「へーそうなんだ」と納得《なっとく》したり、
「これはすごい」と驚《おどろ》いたり、「なるほど」と
感心《かんしん》したりすることでしょう。
中《なか》には、「やばい」これは大変《たいへん》だと思《おも》うこともあるかもしれません。

世《よ》の中《なか》のひみつはたくさんあります。
この本《ほん》をきっかけに、世《よ》の中《なか》のひみつについて、深《ふか》く考《かんが》え、
よりよい「世《よ》の中《なか》」をつくってくれることを期待《きたい》しています。

梅澤真一《うめざわしんいち》

世《よ》の中《なか》は…人《ひと》と人《ひと》の「つながり」でできている

みなさんは、「社会《しゃかい》」の一員《いちいん》です。そう言《い》われても、困《こま》ってしまうかもしれません。だって、社会《しゃかい》は見《み》えないし、どこにあるかだってわからない。そんなもののメンバーの一人《ひとり》だと言《い》われても、想像《そうぞう》がつきません。

では、ちょっと旅《たび》に出《で》かけましょう。行《い》き先《さき》は、遠《とお》い遠《とお》い未来《みらい》です。未来《みらい》の地球《ちきゅう》は、エイリアンに侵略《しんりゃく》されてしまいました。生《い》き残《のこ》った人間《にんげん》はわずかで、あと数《すう》か月《げつ》で絶滅《ぜつめつ》しそうです。そんな光景《こうけい》を見《み》たとき、みなさんは、何《なん》と思《おも》うでしょうか？

「わたしたちの地球《ちきゅう》を返《かえ》せ！」とは、思《おも》わないでしょうか？

未来《みらい》から現在《げんざい》に話《はなし》を戻《もど》しましょう。わたしたちはオリンピックで、日本《にほん》の選手《せんしゅ》を応援《おうえん》します。また、他県《たけん》の人《ひと》から、地元《じもと》の良《よ》い部分《ぶぶん》をほめられると、ちょっと嬉《うれ》しくなります。別《べつ》のクラスに入《はい》るのは何《なん》だか居心地《いごこち》が悪《わる》いですし、兄弟姉妹《きょうだいしまい》には気《き》の抜《ぬ》けた顔《かお》を見《み》せたりもします。

わたしたちは、地球人《ちきゅうじん》であり、国民《こくみん》であり、県民市民《けんみんしみん》であり、クラスメイトであり、家族《かぞく》の一員《いちいん》でもある。つまり、かならず何《なに》かの集団《しゅうだん》と「つながって」生《い》きているのです。

社会《しゃかい》とは、この世《よ》の中《なか》にある「人《ひと》と人《ひと》のつながりの輪《わ》」のことを言《い》います。

歴史《れき》《し》とは、昔《むかし》を知《し》って、

つながっているのは、人間関係《にんげんかんけい》だけではありません。時代《じだい》もそうです。

わたしたちがくらす社会《しゃかい》は、数千《すうせん》年前《ねんまえ》から、何世代《なんせだい》にもわたって少《すこ》しずつ作《つく》られてきました。目《め》に見《み》えるものだけではありません。憲法《けんぽう》、法《ほう》律《りつ》、人権《じんけん》といった考《かんが》え方《かた》も、多《おお》くの人《ひと》が話《はな》し合《あ》ってできたものです。

しかし、その一方《いっぽう》では、たくさんの争《あらそ》いも起《お》きました。

約《やく》2000年前《ねんまえ》

1つの国《くに》としてまとまっておらず、たくさんの小《ちい》さな国《くに》がありました。200年頃《ねんごろ》に、邪馬台国《やまたいこく》の卑弥呼《ひみこ》が、女王《じょおう》となって国《くに》をまとめたと伝《つた》えられています。

約《やく》1000年前《ねんまえ》

紫式部《むらさきしきぶ》や清少納言《せいしょうなごん》がいた平《へい》安時代《あんじだい》です。貴族《きぞく》は、寝殿造《しんでんづくり》の屋敷《やしき》でくらす一方《いっぽう》、庶民《しょみん》は、土間《どま》と床座《ゆかざ》しかない二室住居《にしつじゅうきょ》や竪穴式住居《たてあなしきじゅうきょ》でくらしていました。

今《いま》に生《い》かすこと

約《やく》500年《ねん》前《まえ》

南蛮貿易《なんばんぼうえき》が始《はじ》まり、パン、鉄砲《てっぽう》、キリスト教《きょう》など、外国《がいこく》の品《しな》や文化《ぶんか》が日本《にほん》に伝《つた》わりました。一方《いっぽう》で、幕府《ばくふ》の力《ちから》が弱《よわ》まり、各地《かくち》の大名《だいみょう》が争《あらそ》い合《あ》う戦国時代《せんごくじだい》に突入《とつにゅう》します。

約《やく》100年《ねん》前《まえ》

日本《にほん》とロシアとの間《あいだ》で、日露戦争《にちろせんそう》が起《お》こります。また、ヨーロッパでの紛争《ふんそう》をきっかけに、第一次世界大戦《だいいちじせかいたいせん》が始《はじ》まりました。1945年《ねん》まで、日本《にほん》も戦争《せんそう》をくり返《かえ》していました。

約《やく》50年《ねん》前《まえ》

戦後《せんご》、日本《にほん》はものすごいスピードで復興《ふっこう》します。高速道路《こうそくどうろ》や新幹線《しんかんせん》が整備《せいび》され、国民《こくみん》の生活《せいかつ》も豊《ゆた》かになりました。一方《いっぽう》で、エネルギー問題《もんだい》や環境問題《かんきょうもんだい》が注目《ちゅうもく》されるようになります。

こうした過去《かこ》の出来事《できごと》を知《し》り、学《まな》び、今《いま》に生《い》かす。社会科《しゃかいか》の中《なか》で「歴史《れきし》」という分野《ぶんや》を学《まな》ぶことは、時代《じだい》を超《こ》えて、人々《ひとびと》の意思《いし》を受《う》け継《つ》いでいくことでもあります。

地理《ち》を学《まな》んで、さまざまな違《ちが》いがあることを知《し》る

登下校《とうげこう》

インドネシアは、たくさんの小《ちい》さな島《しま》が集《あつ》まってできています。そのため、ゴムボートで海《うみ》を渡《わた》ったり、島《しま》と島《しま》の間《あいだ》に張《は》られたワイヤーの上《うえ》を歩《ある》いたりして、学校《がっこう》に通《かよ》う子《こ》もいます。

授業《じゅぎょう》

インドの人口《じんこう》は約《やく》14億人《おくにん》で、中国《ちゅうごく》を抜《ぬ》いて世界一《せかいいち》になりました。子《こ》どもの数《かず》が多《おお》すぎて机《つくえ》や椅子《いす》が足《た》りないため、床《ゆか》に座《すわ》って授業《じゅぎょう》を受《う》ける子《こ》どもたちもいます。

　地球《ちきゅう》は、ボールのように丸《まる》い形《かたち》をしています。だから、地球上《ちきゅうじょう》のどんな場所《ばしょ》も、みなさんが立《た》っている地面《じめん》と、ひと続《つづ》きにつながっています。

　けれども、その上《うえ》でくらす人々《ひとびと》の生活《せいかつ》は、とても多様《たよう》です。

　国《くに》の位置《いち》、気温《きおん》、人口《じんこう》、平均年齢《へいきんねんれい》、歴史《れきし》、宗教《しゅうきょう》など、いろいろなことが重《かさ》なり合《あ》って、その国独自《くにどくじ》の文化《ぶんか》が作《つく》られています。

場所《ばしょ》によって違《ちが》いがあること、

給食《きゅうしょく》

イランの学校《がっこう》には給食《きゅうしょく》がありません。また、国民《こくみん》のほぼ100%がイスラム教徒《きょうと》です。豚肉《ぶたにく》は禁止《きんし》されているため、子羊《こひつじ》の肉《にく》をおかずに入《い》れたお弁当《べんとう》を持《も》ってくる子《こ》も多《おお》くいます。

テスト・宿題《しゅくだい》・進路《しんろ》

オランダには、高校受験《こうこうじゅけん》や大学《だいがく》受験《じゅけん》はありません。また、宿題《しゅくだい》もありません。小学校《しょうがっこう》を卒業《そつぎょう》する前《まえ》に受《う》ける一斉《いっせい》テストで、大学《だいがく》に進《すす》む人《ひと》と、弁護士《べんごし》、IT、農業《のうぎょう》、福祉《ふくし》などの専門教育学校《せんもんきょういくがっこう》に進《すす》む人《ひと》とに分《わ》かれます。

放課後《ほうかご》

フィンランドの子《こ》どもたちは、学校《がっこう》が終《お》わると、公園《こうえん》の施設《しせつ》に集《あつ》まって、いっしょにご飯《はん》を食《た》べたり、遊《あそ》んだりします。北極《ほっきょく》に近《ちか》いフィンランドは、夏《なつ》は夜《よる》11時頃《じごろ》まで明《あか》るく、冬《ふゆ》は15時過《じす》ぎには暗《くら》くなります。そのため夜《よる》12時近《じちか》くまで公園《こうえん》で遊《あそ》ぶときもあれば、お昼《ひる》には家《いえ》に帰《かえ》って過《す》ごすときもあります。

そして違《ちが》うのには理由《りゆう》があること。これを学《まな》ぶのが、社会科《しゃかいか》の中《なか》の「地理《ちり》」という分野《ぶんや》です。

たとえば、同《おな》じ「小学校《しょうがっこう》の1日《にち》」も、国《くに》によってこんなに違《ちが》います。

公民《こうみん》で、よりよいくらしの

歴史《れきし》を学《まな》べば過去《かこ》と、地理《ちり》を学《まな》べば地球《ちきゅう》のさまざまな場所《ばしょ》と、つながることができます。

でも、それだけじゃもったいないです。みなさんが学《まな》んだこと、考《かんが》えたことは、未来《みらい》につなげることができます。それが社会科《しゃかいか》の「公民《こうみん》」という分野《ぶんや》です。

公民《こうみん》には、2つの意味《いみ》があります。

1つは、今《いま》の社会《しゃかい》のしくみや人《ひと》の生《い》き方《かた》について知《し》ること。もう1つは、国《くに》の政治《せいじ》や自治体《じちたい》の取《と》り組《く》みに参加《さんか》する権利《けんり》を持《も》つ者《もの》。つまり、もっとくらしやすい社会《しゃかい》を実現《じつげん》するために、協力《きょうりょく》し合《あ》う市民《しみん》のことです。

世《よ》の中《なか》には、自分《じぶん》とは立場《たちば》や意見《いけん》が異《こと》なる人《ひと》もたくさんいます。それでも争《あらそ》い合《あ》ったり、一部《いちぶ》の人《ひと》が差別《さべつ》されたりしな

作《つく》り方《かた》を考《かんが》える

いように、市民全員《しみんぜんいん》で話《はな》し合《あ》って、国《くに》や社会《しゃかい》のルールを決《き》める方法《ほうほう》が考《かんが》え出《だ》されました。これを「民主主義《みんしゅしゅぎ》」と言《い》います。

今《いま》、安全《あんぜん》に道《みち》を歩《ある》けるのも、好《す》きな本《ほん》や音楽《おんがく》が自由《じゆう》に楽《たの》しめるのも、これまでの市民《しみん》たちが考《かんが》えた、目《め》には見《み》えない工《く》夫《ふう》（ひみつ）のおかげなのです。

この本《ほん》ではそんな「世《よ》の中《なか》のひみつ」を紹介《しょうかい》しています。歴史《れきし》、地理《ちり》、公民《こうみん》、そして社会《しゃかい》のひみつです。

わたしたちは、世《よ》の中《なか》にあふれる工夫《くふう》を守《まも》り、ときには変化《へんか》させ、次《つぎ》の世代《せだい》に残《のこ》していく必要《ひつよう》があります。

今《いま》よりも、ちょっとだけくらしやすくなる。この本《ほん》を読《よ》んで、あなただけの「ひみつ」をぜひ考《かんが》えてみてください。

もくじ

第《だい》1章《しょう》 知《し》れば知《し》るほど好《す》きになる 社《しゃ》会《かい》のひみつ

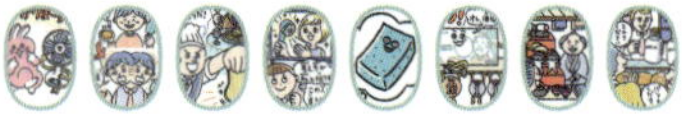

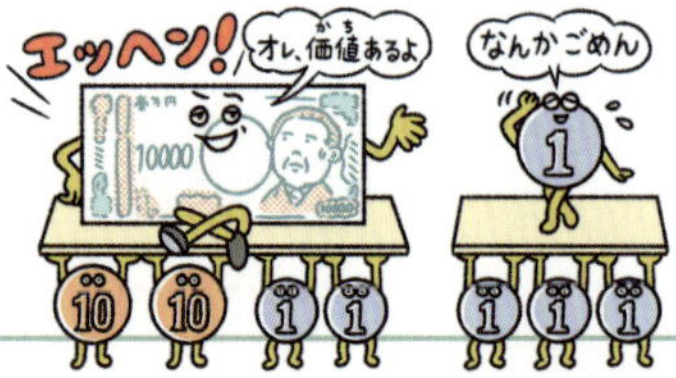

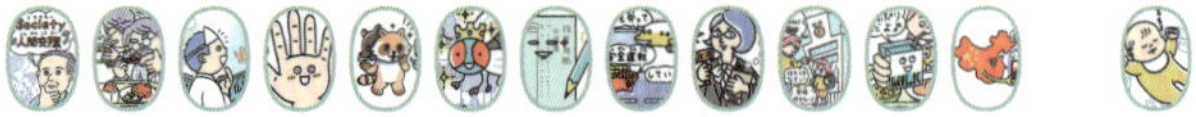

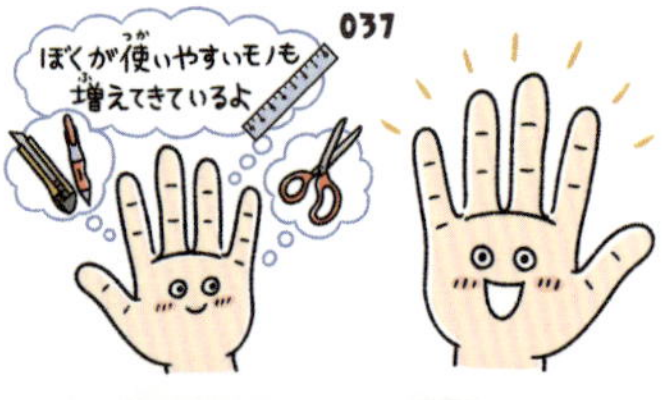

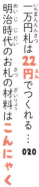

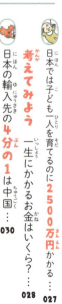

第《だい》2章《しょう》

知《し》れば知《し》るほど好《す》きになる 昔《むかし》のひみつ

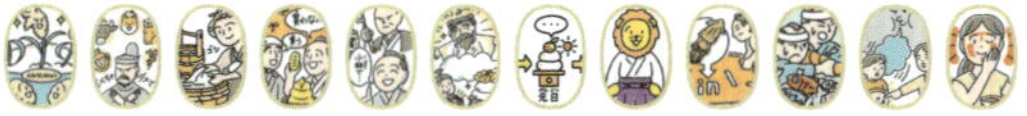

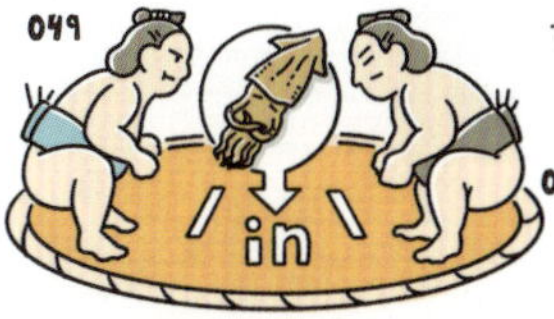

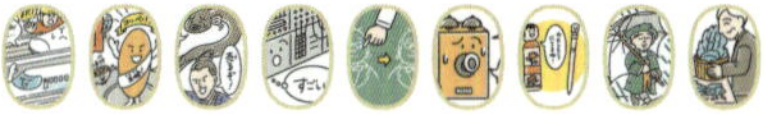

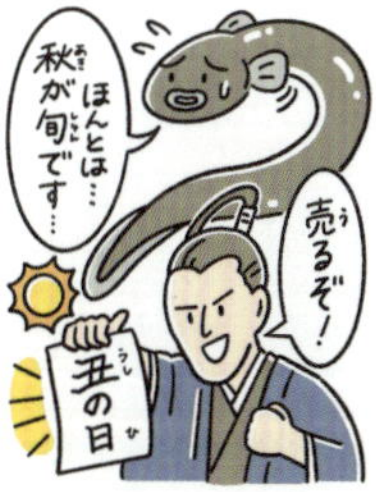

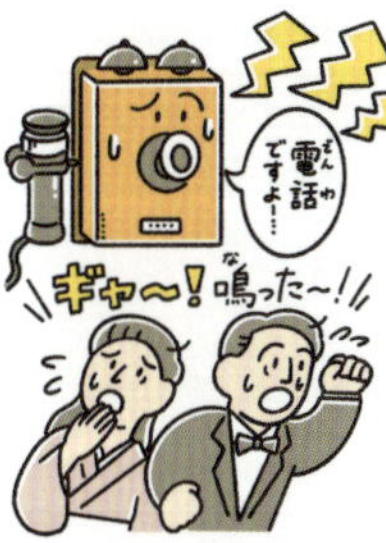

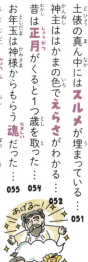

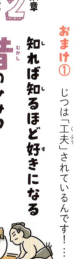

第《だい》3章《しょう》

知《し》れば知《し》るほど好《す》きになる 日本《にほん》のひみつ

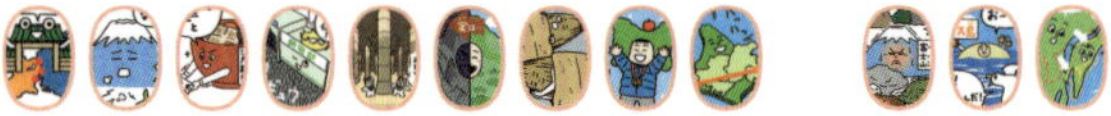

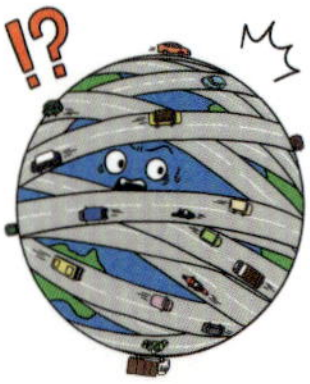

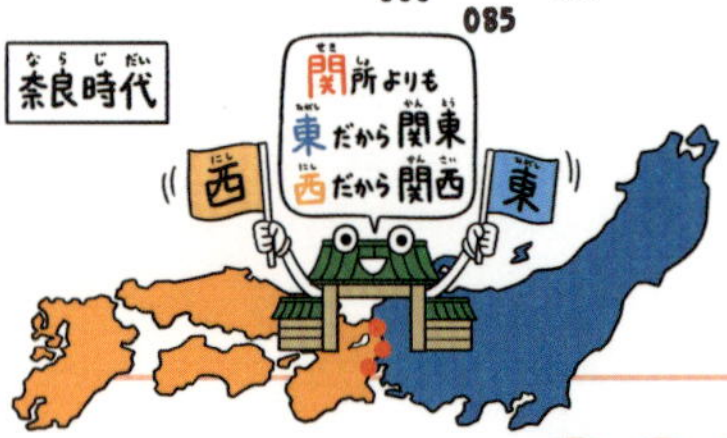

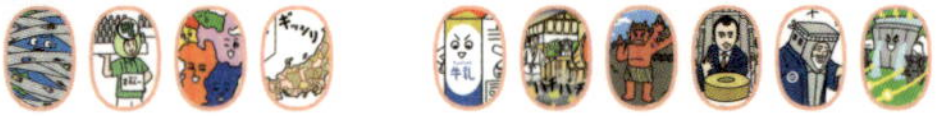

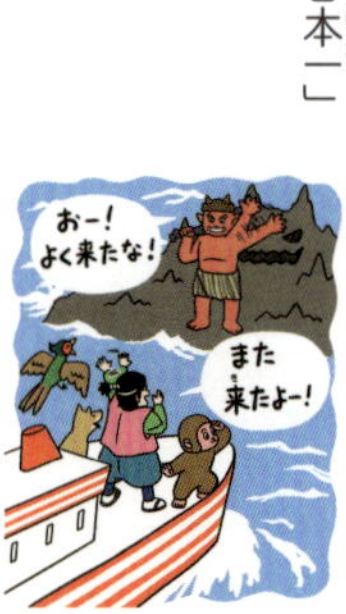

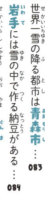

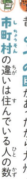

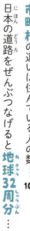

第《だい》4章《しょう》

知《し》れば知《し》るほど好《す》きになる 世《せ》界《かい》のひみつ

第《だい》5章《しょう》 知《し》れば知《し》るほど好《す》きになる仕《し》事《ごと》のひみつ

編集・執筆協力…澤田憲　編集協力…田中絵里子
イラスト…いしやま暁子（巻頭）　島内美和子（1章）　長野美里（2章）
Masaki（3章）　伊豆見香苗（4章）　あずきみみこ（5章）
間芝勇輔（偉人ページ5見開き）　カケヒジュン（アイコン）
カバーデザイン…杉山健太郎　本文デザイン…杉山健太郎　八田さつき
DTP…（株）明昌堂　校正…（株）鷗来堂

第《だい》1章《しょう》

知《し》れば知《し》るほど好《す》きになる社《しゃ》会《かい》のひみつ

コンビニは氷《こおり》屋《や》から始《はじ》まった

日《に》本《ほん》には、どれだけのコンビニがあるのでしょうか？

正解《せいかい》は、約《やく》５万《まん》５０００店《てん》。小学《しょうがっ》校《こう》のちょうど３倍《ばい》くらいの数《かず》です。

コンビニの始《はじ》まりは、１９２７年《ねん》。元《もと》は、アメリカ・テキサス州《しゅう》にある個人商店《こじんしょうてん》で、冷蔵庫《れいぞうこ》がない時代《じだい》に氷《こおり》を専門《せんもん》に売《う》っていました。

あるときミルクやパンを置《お》いたところ、**ほかの食料品店《しょくりょうひんてん》が開《あ》いていない夜《よる》や日曜《にちよう》によく売《う》れることに店主《てんしゅ》は気《き》づきます**。それからいろいろな商品《しょうひん》を置《お》くようになりました。

「コンビニエンス」とは「便利《べんり》」という意味《いみ》。多《おお》くの人《ひと》の「これがあったらなぁ」という要望《ようぼう》にこたえて、今《いま》のコンビニができあがったのです。


もっと知《し》りたい！

コンビニの日本初上陸《にほんはつじょうりく》は1974年《ねん》、東京都《とうきょうと》の豊洲《とよす》にできたセブン-イレブン第《だい》1号店《ごうてん》

100円《えん》ショップの起源《きげん》は江戸時代《えどじだい》

なんでも1個《こ》100円《えん》で売《う》られている100円《えん》ショップ。じつは江戸時代《えどじだい》にも、同《おな》じような商売《しょうばい》をするお店《みせ》がありました。

名前《なまえ》を「十九文屋《じゅうくもんや》」と言《い》います。**くし、かみそり、鏡《かがみ》、筆《ふで》などの日用品《にちようひん》から、人形《にんぎょう》、将棋《しょうぎ》の駒《こま》まで、ぜんぶ十九文《じゅうきゅうもん》で売《う》られていました。**一文《いちもん》は、今《いま》の価値《かち》で約《やく》20円《えん》。十九文屋《じゅうくもんや》は、今《いま》だと400円《えん》ショップみたいな感《かん》じだったのでしょう。

十九文屋《じゅうくもんや》が流行《はや》ったのは、1700年代《ねんだい》の江戸時代中期《えどじだいちゅうき》。徳川吉宗《とくがわよしむね》が「享保《きょうほう》の改革《かいかく》」で質素倹約《しっそけんやく》を強《し》いたことで、格安店《かくやすてん》が繁盛《はんじょう》するようになりました。世《よ》の中《なか》の景気《けいき》とともに、流行《りゅうこう》するお店《みせ》も変化《へんか》するのです。

意外《いがい》なカンケイ

半端《はんぱ》な十九文《じゅうきゅうもん》にしたのは、「980円《えん》」と同《おな》じで大台《おおだい》に乗《の》せずお得《とく》に感《かん》じさせるため

一《いち》万《まん》円《えん》札《さつ》は22円《えん》でつくれる

2024年《ねん》に発《はっ》行《こう》された一《いち》万《まん》円《えん》札《さつ》の数《かず》は、18・3億《おく》枚《まい》。金《きん》額《がく》にすると18・3兆《ちょう》円《えん》です。

でも、一《いち》万《まん》円《えん》札《さつ》を1枚《まい》つくるのにかかるお金《かね》は、わずか22円《えん》。わたしたちは、一《いち》万《まん》円《えん》札《さつ》に9978円《えん》分《ぶん》もの価《か》値《ち》を上《うわ》乗《の》せしているのです。

一《いち》万《まん》円《えん》札《さつ》がこれだけの価《か》値《ち》を持《も》つのは、国《くに》が価《か》値《ち》を保《ほ》証《しょう》しているから。自《じ》分《ぶん》で勝《かっ》手《て》にお札《さつ》を刷《す》って、「これは1万《まん》円《えん》の価《か》値《ち》がある！」と言《い》っても通《つう》用《よう》しません。みんなが信《しん》用《よう》しているからこそ、お金《かね》は価《か》値《ち》を持《も》ちます。

一《いっ》方《ぽう》で、**一《いち》円《えん》玉《だま》は1枚《まい》つくるのに3円《えん》かかります**。五《ご》円《えん》玉《だま》は10円《えん》、十《じゅう》円《えん》玉《だま》は13円《えん》と、一《いち》万《まん》円《えん》札《さつ》とは反《はん》対《たい》に原《げん》価《か》が価《か》値《ち》を上《うわ》回《まわ》っています。

紙《かみ》きれがお金《かね》になる

22円《えん》で作《つく》れる紙《かみ》きれが一《いち》万円《まんえん》の価値《かち》を持《も》つのは、一《いち》万円札《まんえんさつ》は一万円《いちまんえん》の価値《かち》があると世《よ》の中《なか》のみんなが信《しん》じているからです。人々《ひとびと》の信《しん》用《よう》がお金《かね》を支《ささ》えているから、買《か》い物《もの》ができるのです。これを貨幣経済《かへいけいざい》といいます。

もしも商品《しょうひん》と同《おな》じように、原価《げんか》に合《あ》わせてお金《かね》の価値《かち》が上下《じょうげ》したら、経済《けいざい》は混乱《こんらん》してしまいます。一円玉《いちえんだま》の価値《かち》は1円《えん》のまま、ずっと価値《かち》が変《か》わらないから、信用《しんよう》できるのです。

ちなみに、一万円札《いちまんえんさつ》は4〜5年《ねん》で新《あたら》しいものと交換《こうかん》されます。古《ふる》くなったお札《さつ》は細《こま》かく裁断《さいだん》され、トイレットペーパーにリサイクルされます。

衝撃《しょうげき》の事実《じじつ》！

一円玉《いちえんだま》以外《いがい》の硬貨《こうか》はすべて銅《どう》が主成分《しゅせいぶん》だが、混《ま》ぜ合《あ》わせる金属《きんぞく》で色《いろ》が変《か》わる

やばい

明治時代《めいじじだい》のお札《さつ》の材料《ざいりょう》はこんにゃく

日《に》本《ほん》でお札《さつ》をつくれるのは、日《に》本《ほん》銀行《ぎんこう》だけです。日本《にほん》のお金《かね》の番人《ばんにん》であり、国《くに》が集《あつ》めた税金《ぜいきん》を管《かん》理《り》したり、ほかの銀行《ぎんこう》からお金《かね》を預《あず》かったりもしています。

設立《せつりつ》は明治《めいじ》15年《ねん》。その3年後《ねんご》に、4種類《しゅるい》（1円《えん》、5円《えん》、10円《えん》、100円《えん》）のお札《さつ》を発行《はっこう》しました。お札《さつ》は偽造《ぎぞう》を防《ふせ》ぐため、複製《ふくせい》が難《むずか》しかった青《あお》インクで、細《こま》かな模様《もよう》や大黒天《だいこくてん》の肖像画《しょうぞうが》が描《か》かれました。ところが、思《おも》わぬ敵《てき》が現《あらわ》れます。ネズミです。**紙《かみ》を丈夫《じょうぶ》にするため、お札《さつ》にこんにゃく粉《こ》を混《ま》ぜたのがあだとなり、ネズミや虫《むし》に食《た》べられる被害《ひがい》が多発《たはつ》**。そのため数年後《すうねんご》には、新《あたら》しいお札《さつ》に取《と》り替《か》えられることになりました。

衝撃《しょうげき》の事実《じじつ》！

1918年《ねん》に発行《はっこう》された一円札《いちえんさつ》（大黒札《だいこくさつ》）だけは、今《いま》も1円《えん》として使《つか》える

自分《じぶん》と似《に》た人《ひと》を好《す》きになりがち

ふしぎ

自《じ》分《ぶん》と似《に》た部分《ぶぶん》のある人《ひと》が何《なに》かをおすすめしていると、ついそのおすすめされた商品《しょうひん》を買《か》ってしまうことがあります。

これを「類似生《るいじせい》の法則《ほうそく》」と言《い》い、ビジネスで使《つか》われています。人《ひと》は、自分《じぶん》と似《に》た人《ひと》を好《す》きになりやすいことがわかっています。好《す》きな人《ひと》の言《い》うことは、つい聞《き》きたくなりますよね。

それは**人《ひと》が、共感《きょうかん》したいし、共感《きょうかん》されたい生《い》き物《もの》**だからです。

トラなどの単独《たんどく》で狩《か》りをする動物《どうぶつ》とは違《ちが》い、力《ちから》が弱《よわ》い人《ひと》は、集団《しゅうだん》で協《きょう》力《りょく》して生《い》きのびてきました。その中《なか》で他者《たしゃ》の心《こころ》を想像《そうぞう》する「共感力《きょうかんりょく》」が生《う》まれ、脳《のう》が巨大化《きょだいか》し、社会《しゃかい》が発展《はってん》したのです。

もっと知《し》りたい！

好《す》きな相手《あいて》の言葉《ことば》づかいや仕草《しぐさ》を無意識《むいしき》にまねることを「ミラー効果《こうか》」と言《い》う

びっくり

ポテトチップスは客《きゃく》のクレームから生《う》まれた

厚《あつ》すぎる！
じゃあ、これでどうだ！
ペラ
ペラ

自《じ》分《ぶん》がつくったものに文句《もんく》を言《い》われたら、ラッキーかもしれません。そこに売《う》れるヒントがあるかもしれないからです。

たとえば、ポテトチップスは、レストランで出《だ》されたフライドポテトに、**客《きゃく》が「分厚《ぶあつ》すぎる」とクレームを入《い》れたことで生《う》まれた**と言《い》われています。何度《なんど》も文句《もんく》を言《い》う客《きゃく》に怒《おこ》ったシェフが、これ以上《いじょう》ないほどポテトを薄《うす》く切《き》って焼《や》いたことで、パリパリのチップスができたのです。

ほかにも、チキンラーメンの中心《ちゅうしん》にある卵《たまご》をのせるくぼみや、アイスキャンデーでかき氷《ごおり》を包《つつ》んだガリガリ君《くん》も、お客《きゃく》さんからのクレームをヒントにして生《う》まれました。

もっと知《し》りたい！

ユニクロは100万円《まんえん》の懸賞金《けんしょうきん》で悪口《わるぐち》を募集《ぼしゅう》し、ヒット商品《しょうひん》の開発《かいはつ》に生《い》かした

お菓子《かし》は値段《ねだん》を変《か》えずに高《たか》くなっている

どういうことでしょうか？　ひみつは内容量《ないようりょう》にあります。

たとえば、2003年《ねん》のポッキーの値段《ねだん》は150円《えん》で、量《りょう》は82gでした。その5年後《ねんご》も、値段《ねだん》は150円《えん》のままでしたが、量《りょう》は63gに減《へ》ってしまいました。1gあたりの値段《ねだん》を計算《けいさん》すると、1・8円《えん》から2・4円《えん》に上《あ》がっています。つまり同《おな》じ値段《ねだん》でも中身《なかみ》の量《りょう》が減《へ》れば、それは値上《ねあ》げしたことと変《か》わらないのです。

こうした気《き》づかれにくい値上《ねあ》げを**「ステルス値上《ねあ》げ」と言《い》います。ステルスとは「隠密《おんみつ》」という意味《いみ》**で、レーダーに探知《たんち》されにくいステルス戦闘機《せんとうき》などで使《つか》われる言葉《ことば》。物価高《ぶっかだか》で、ステルス値上《ねあ》げは増《ふ》えています。

もっと知《し》りたい！

韓国《かんこく》では内容量変更後《ないようりょうへんこうご》にパッケージやWebサイトで告知《こくち》しないと罰金《ばっきん》

ウサギ税《ぜい》や扇《せん》風《ぷう》機《き》税《ぜい》という税《ぜい》金《きん》があった

消《しょう》費《ひ》税《ぜい》や住《じゅう》民《みん》税《ぜい》など、日《に》本《ほん》には計《けい》47種《しゅ》類《るい》の税《ぜい》金《きん》があります。集《あつ》められた税《ぜい》金《きん》は、水《すい》道《どう》や道《どう》路《ろ》の整《せい》備《び》、医《い》療《りょう》・福《ふく》祉《し》・教《きょう》育《いく》などの公《こう》的《てき》サービスの運《うん》営《えい》などに使《つか》われています。税《ぜい》の歴《れき》史《し》は古《ふる》く、701年《ねん》に完《かん》成《せい》した大《たい》宝《ほう》律《りつ》令《りょう》から、租《そ》・庸《よう》・調《ちょう》という税《ぜい》を課《か》す仕《し》組《く》みができました。

その後《ご》もいろいろな税《ぜい》が誕《たん》生《じょう》。明《めい》治《じ》初《しょ》期《き》には、ウサギ税《ぜい》もありました。**当《とう》時《じ》ウサギが大《だい》流《りゅう》行《こう》し、偽《にせ》物《もの》を高《たか》値《ね》で売《う》る詐《さ》欺《ぎ》が続《ぞく》発《はつ》。そこで1羽《わ》につき月《げつ》額《がく》1円《えん》**（今《いま》の2万《まん》円《えん》くらい）の税《ぜい》を取《と》ってブームをしずめたのです。ほかにも台《だい》数《すう》と大《おお》きさで税《ぜい》額《がく》が決《き》まる扇《せん》風《ぷう》機《き》税《ぜい》や、飼《し》育《いく》頭《とう》数《すう》で税《ぜい》額《がく》が決《き》まる犬《いぬ》税《ぜい》などもありました。

衝《しょう》撃《げき》の事《じ》実《じつ》！

集《あつ》めた税《ぜい》金《きん》の3割《わり》は社《しゃ》会《かい》保《ほ》障《しょう》に、2割《わり》は国《こく》債《さい》（国《くに》の借《しゃっ》金《きん》）の返《へん》済《さい》にあてられる

日本《にほん》では子《こ》ども一人《ひとり》を育《そだ》てるのに2500万《まん》円《えん》かかる

日《に》本《ほん》では、年々《ねんねん》生《う》まれる子《こ》どもの数《かず》が減《へ》り続《つづ》けています。その一因《いちいん》として、「子育《こそだ》てにたくさんお金《かね》がかかること」があります。

国《くに》が行《おこな》った調査結果《ちょうさけっか》から計算《けいさん》すると、生《う》まれてから大学卒業《だいがくそつぎょう》まで、子《こ》ども一人《ひとり》を育《そだ》てるのに、大体《だいたい》2500万円前後《まんえんぜんご》かかるそうです。

一方《いっぽう》で、アフリカにあるニジェール、チャド、コンゴといった国《くに》では、女性《じょせい》が6〜7人《にん》の子《こ》どもを産《う》むのが当《あ》たり前《まえ》です。どの家庭《かてい》も、すごくお金持《かねも》ちなのでしょうか?

違《ちが》います。これらの国々《くにぐに》では、学《がっ》校《こう》に通《かよ》わず働《はたら》く子《こ》どもが多《おお》くいます。**親《おや》に守《まも》られるのではなく、生活費《せいかつひ》をかせいで家族《かぞく》を支《ささ》えている**のです。

衝撃《しょうげき》の事実《じじつ》!

世界《せかい》で働《はたら》く児童《じどう》は約《やく》1億《おく》6000万人《まんにん》で、約《やく》10人《にん》に1人《ひとり》が労働《ろうどう》させられている

考《かんが》えてみよう

一《いっ》生《しょう》にかかるお金《かね》はいくら？

大人《おとな》になってから亡《な》くなるまでに、どれくらいのお金《かね》がかかるのか、ざっくりと計算《けいさん》してみました。※

住《じゅう》居《きょ》費《ひ》

月《つき》に 約《やく》6万《まん》7000円《えん》

（家賃《やちん》と水道光熱費《すいどうこうねつひ》）

食《しょく》費《ひ》

月《つき》に 約《やく》4万《まん》2000円《えん》

医《い》療《りょう》費《ひ》

月《つき》に 約《やく》7000円《えん》

交通《こうつう》・通信費《つうしんひ》

月《つき》に 約《やく》2万《まん》2000円《えん》

その他《た》の出費《しゅっぴ》

月《つき》に 約《やく》5万《まん》9000円《えん》

生活用品《せいかつようひん》や、被服費《ひふくひ》、教養娯楽費《きょうようごらくひ》（習《なら》い事《ごと》や外泊代《がいはくだい》など）、その他《た》（美容代《びようだい》、飲《の》み物《もの》やお菓子《かし》など）。

税金《ぜいきん》（年収《ねんしゅう》400万円《まんえん》の場合《ばあい》）

月《つき》に 約《やく》7万《まん》4000円《えん》

所得税《しょとくぜい》が約《やく》7000円《えん》、住民税《じゅうみんぜい》が約《やく》1万《まん》5000円《えん》、雇用保険料《こようほけんりょう》が約《やく》2000円《えん》、社会保険料《しゃかいほけんりょう》（健康保《けんこうほ》険料《けんりょう》と厚生年金保険料《こうせいねんきんほけんりょう》）が約《やく》5万円《まんえん》です。

毎月《まいつき》かかるお金《かね》は、

約《やく》27万《まん》1000円《えん》

一生《いっしょう》にかかるお金《かね》は、

約《やく》2億《おく》1000万円《まんえん》

※18歳《さい》から85歳《さい》までの67年間《ねんかん》にかかるお金《かね》。ひとり暮《ぐ》らしでパートナーや子《こ》どもはなし。家《いえ》は賃貸《ちんたい》の場合《ばあい》。　※70歳《さい》になるまではたらいた場合《ばあい》。70歳以降《さいいこう》は税金額《ぜいきんがく》が変《か》わります　※それぞれの費用《ひよう》は、2023年次《ねんじ》の総務省家計調査《そうむしょうかけいちょうさ》（家計収支編《かけいしゅうしへん》）単身世帯詳細結果表《たんしんせたいしょうさいけっかひょう》を参照《さんしょう》。家賃《やちん》は住居《じゅうきょ》の所有関係別《しょゆうかんけいべつ》の単身世帯《たんしんせたい》の「民営借家《みんえいしゃくや》」を抜粋《ばっすい》

日本《にほん》の輸入先《ゆにゅうさき》の4分《ぶん》の1は中国《ちゅうごく》

なるほど

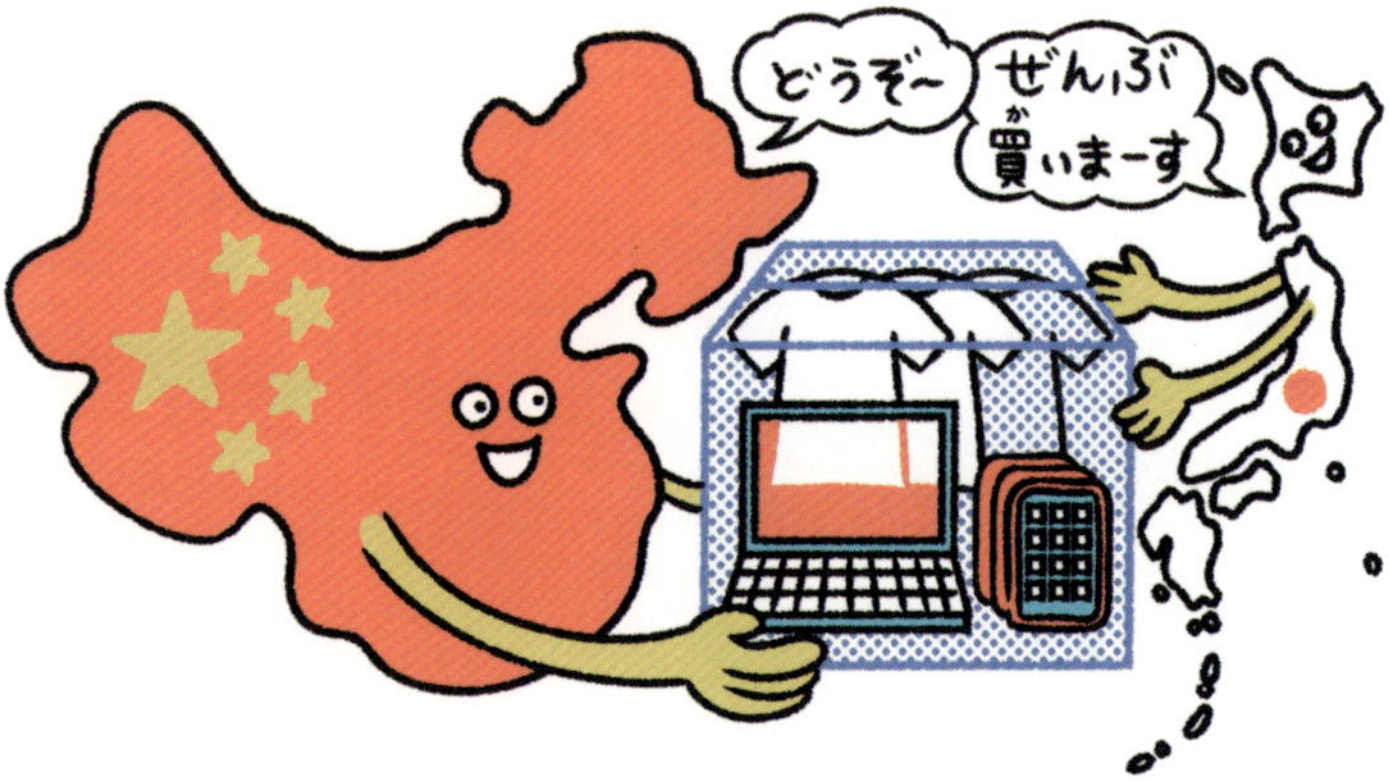
どうぞ〜
ぜんぶ買《か》いまーす

2023年《ねん》の日本《にほん》の貿易《ぼうえき》輸入《ゆにゅう》総《そう》額《がく》は約《やく》110兆円《ちょうえん》。そのうち中国《ちゅうごく》からの輸入額《ゆにゅうがく》は約《やく》24兆円《ちょうえん》で、全《ぜん》体《たい》の約《やく》4分《ぶん》の1を占《し》めます。

では、日本《にほん》は中国《ちゅうごく》から、どんな物《もの》を輸入《ゆにゅう》していると思《おも》いますか？

政府《せいふ》の貿易《ぼうえき》統計《とうけい》によると、**第《だい》1位《い》はスマートフォン、第《だい》2位《い》はパソコン、第《だい》3位《い》は衣料品《いりょうひん》**です。これらには中国《ちゅうごく》の会社《かいしゃ》だけでなく、日本《にほん》の海《かい》外《がい》工場《こうじょう》からの輸入品《ゆにゅうひん》もふくまれます。

日本《にほん》は世界《せかい》での競争力《きょうそうりょく》を高《たか》めるため、2000年代《ねんだい》から賃金《ちんぎん》の安《やす》い中《ちゅう》国《ごく》に工場《こうじょう》を建《た》て、そこで製造《せいぞう》した商《しょう》品《ひん》を輸入《ゆにゅう》するようになりました。そのため中国《ちゅうごく》からの輸入額《ゆにゅうがく》が、大《おお》きな割合《わりあい》を占《し》めるようになったのです。

もっと知《し》りたい！

輸出先《ゆしゅつさき》のトップはアメリカで、輸出品《ゆしゅつひん》の第《だい》1位《い》は自動車《じどうしゃ》（約《やく》17兆円《ちょうえん》）

給食《きゅうしょく》に牛乳《ぎゅうにゅう》が出《で》るのは法律《ほうりつ》で決《き》められている

給《きゅう》食《しょく》に牛乳《ぎゅうにゅう》が出始《ではじ》めたのは１９５８年頃《ねんごろ》。それ以前《いぜん》は「脱脂《だっし》粉乳《ふんにゅう》」が飲《の》まれていました。

脱脂《だっし》粉乳《ふんにゅう》は、牛乳《ぎゅうにゅう》から水分《すいぶん》と脂肪《しぼう》分《ぶん》を取《と》りのぞいた粉《こな》ミルクです。戦《せん》争《そう》によって乳牛《にゅうぎゅう》の数《かず》が激減《げきげん》した日本《にほん》では、牛乳《ぎゅうにゅう》は貴重品《きちょうひん》。そこで外国《がいこく》から大量《たいりょう》の脱脂《だっし》粉乳《ふんにゅう》が届《とど》けられます。

脱脂《だっし》粉乳《ふんにゅう》は、**成長《せいちょう》に欠《か》かせないカルシウムが豊富《ほうふ》なことから、やがて給食《きゅうしょく》に出《だ》されるようになりました。**

その後《ご》、１９５４年《ねん》に「学校《がっこう》給食《きゅうしょく》法《ほう》」で「給食《きゅうしょく》にミルクを出《だ》すこと」が決《き》められました。

やがて乳牛《にゅうぎゅう》の数《かず》も回復《かいふく》したため、脱脂《だっし》粉乳《ふんにゅう》が廃止《はいし》され、牛乳《ぎゅうにゅう》が出《だ》されるようになったのです。

衝撃《しょうげき》の事実《じじつ》！

戦後《せんご》はウシだけでなく、ブタや鶏《にわとり》の肉《にく》も貴重《きちょう》で、給食《きゅうしょく》にはクジラ肉《にく》が出《だ》された

なるほど

子《こ》どもを学校《がっこう》に通《かよ》わせないと罰金《ばっきん》

日《に》本《ほん》では、勤労《きんろう》、納税《のうぜい》と並《なら》んで、教育《きょういく》は国民《こくみん》の義務《ぎむ》です。もし保護者《ほごしゃ》が子《こ》どもを学校《がっこう》に通《かよ》わせなかったら、最高《さいこう》10万円《まんえん》の罰金《ばっきん》が科《か》されることもあります。

では、学校《がっこう》に行《い》きたくないときは、どうすればいいのでしょうか。いじめや体罰《たいばつ》があっても、がまんして行《い》かないといけないのでしょうか。

そんなことはありません。この法律《ほうりつ》は、**学校《がっこう》に行《い》きたい子《こ》どもを保護者《ほごしゃ》がほったらかしにしないようにするためのもの**。つまり、みなさんの学《まな》ぶ権利《けんり》を守《まも》るためにあるのです。

学《まな》ぶ方法《ほうほう》は、一《ひと》つではありません。だから、理由《りゆう》があれば「学校《がっこう》に行《い》きたくない」と言《い》ってもいいのです。

衝撃《しょうげき》の事実《じじつ》！

世界《せかい》には貧困《ひんこん》や紛争《ふんそう》などで学校《がっこう》に通《かよ》えない子《こ》どもが約《やく》2億《おく》5000万人《まんにん》いる

裁判官《さいばんかん》の服《ふく》が黒《くろ》いのは「何色《なにいろ》にも染《そ》まらない」から

裁《さい》判官《ばんかん》が、裁判《さいばん》を行《おこな》う法廷《ほうてい》に出《で》るときは、かならず「法服《ほうふく》」という制服《せいふく》を着《き》ます。

この法服《ほうふく》は、戦前《せんぜん》から黒色《くろいろ》と決《き》まっていました。それは黒《くろ》が、ほかの色《いろ》に染《そ》まらない色《いろ》だからです。

裁判《さいばん》では、原告《げんこく》（訴《うった》えた側《がわ》）と被《ひ》告《こく》（訴《うった》えられた側《がわ》）の両方《りょうほう》の話《はなし》を聞《き》き、客観的《きゃっかんてき》な事実《じじつ》を基《もと》に、罪《つみ》の有無《うむ》や重《おも》さを決定《けってい》します。その判断《はんだん》は、公正《こうせい》でなければならない。つまり「何者《なにもの》の影響《えいきょう》も受《う》けない」という精《せい》神《しん》を法服《ほうふく》の色《いろ》で表《あらわ》しているのです。

また、裁判官《さいばんかん》には、三種《さんしゅ》の神器《じんぎ》の1つの八咫鏡《やたかがみ》を象《かたど》ったバッジも配《くば》られます。これには「真実《しんじつ》を照《て》らし出《だ》す」という意味《いみ》がこめられています。

意外《いがい》なカンケイ

イギリスの刑事裁判《けいじさいばん》では、裁判官《さいばんかん》はウマの毛《け》でできた白《しろ》いかつらを着《つ》ける

空《そら》や海《うみ》にも 交通《こうつう》ルールがある

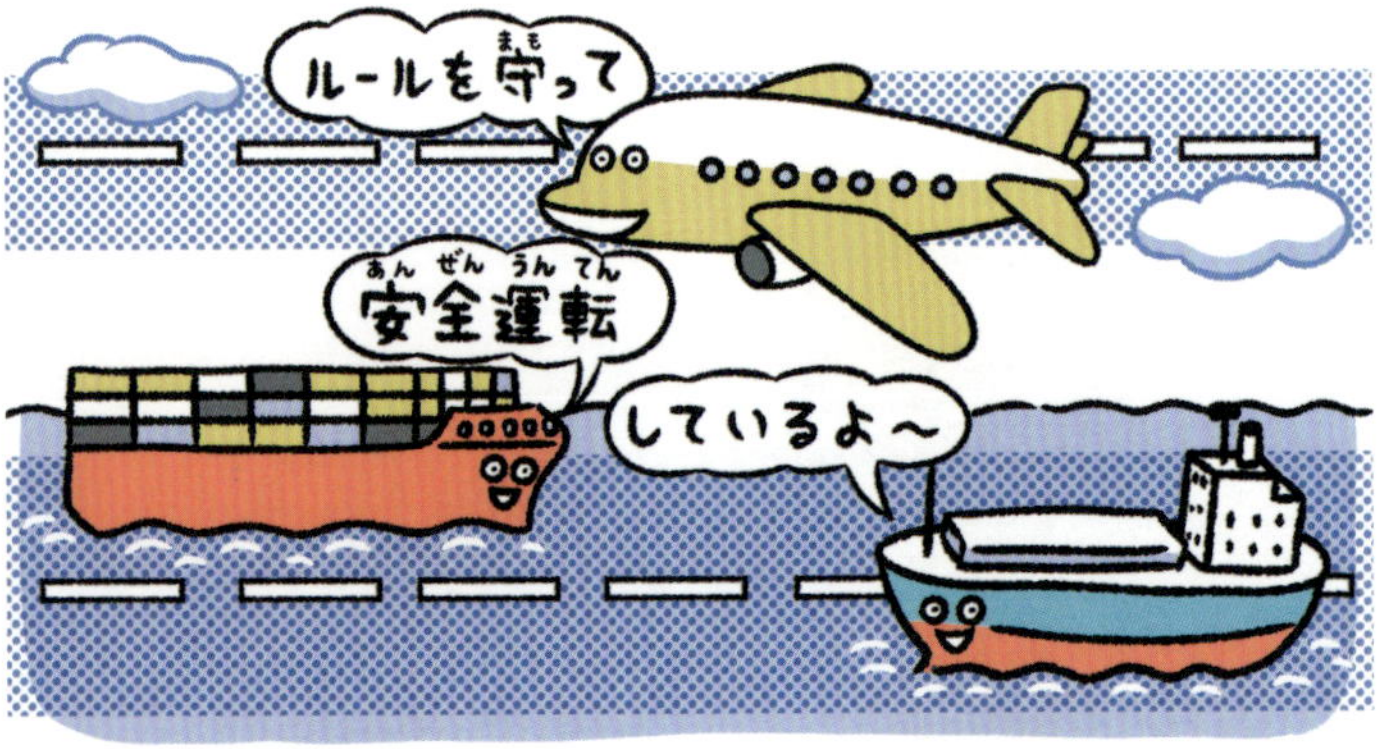

もしタケコプターが発明《はつめい》されても、空《そら》を自由《じゆう》に飛《と》ぶのは、ちょっと難《むずか》しいかもしれません。

空《そら》や海《うみ》にも「道《みち》」があります。**「航路《こうろ》」と言《い》って、飛行機《ひこうき》や船《ふね》は、国《くに》が認《みと》めたルートの上《うえ》を進《すす》んでいます。**自家用《じかよう》ジェットや小型船舶《こがたせんぱく》は航《こう》路《ろ》に従《したが》う必要《ひつよう》はありませんが、立《た》ち入《い》りが制限《せいげん》されるエリアはあります。

また、自動車《じどうしゃ》と同《おな》じように交通《こうつう》ルールもあります。たとえば、すれ違《ちが》うときはおたがい右《みぎ》によける。また、直交《ちょっこう》するときは、相手《あいて》が右《みぎ》に見《み》える側《がわ》の機体《きたい》（船《ふね》）が、道《みち》を譲《ゆず》らなければなりません。

全員《ぜんいん》の安全《あんぜん》を保障《ほしょう》するために、ルールが決《き》められているのです。

衝撃《しょうげき》の事実《じじつ》！

プリンは液体《えきたい》とみなされるため、100gを超《こ》えると飛行機《ひこうき》に持《も》ちこめない

投票用紙《とうひょうようし》は、紙《かみ》じゃない

選《せん》挙《きょ》では、自分《じぶん》が国《くに》や自治体《じちたい》の運営《うんえい》を任《まか》せたい人《ひと》の名前《なまえ》を投《とう》票用紙《ひょうようし》に書《か》いて投票《とうひょう》します。

この投票用紙《とうひょうようし》は、紙《かみ》ではなく、薄《うす》い**プラスチックでできています。**水《みず》に強《つよ》く、破《やぶ》れにくいだけでなく、折《お》ってもすぐに開《ひら》くため、書《か》かれている名前《なまえ》が確認《かくにん》しやすいというメリットがあるのです。

また、選挙《せんきょ》が終《お》わっても投票用紙《とうひょうようし》はすぐには捨《す》てられません。次《つぎ》の選《せん》挙《きょ》まで、段《だん》ボールに詰《つ》められて、鍵《かぎ》のかかった部屋《へや》で保管《ほかん》されます。さらに処分《しょぶん》するときも、立会人《たちあいにん》が業者《ぎょうしゃ》の手《て》で裁断《さいだん》されるのを確認《かくにん》します。

それほど選挙《せんきょ》に不正《ふせい》や間違《まちが》いはあってはならず、一票《いっぴょう》は重《おも》いのです。

衝撃《しょうげき》の事実《じじつ》！

候補者名《こうほしゃめい》に「さん」や「くん」を付《つ》けてもいいが、「ちゃん」は無効《むこう》になる

夢《ゆめ》の島《しま》は昔《むかし》、ハエの王《おう》国《こく》だった

東《とう》京《きょう》のお台場《だいば》の近《ちか》くには「夢《ゆめ》の島《しま》」という場所《ばしょ》があります。東京湾《とうきょうわん》を埋《う》め立《た》ててできた人工島《じんこうとう》で、戦後《せんご》は海水浴場《かいすいよくじょう》としてにぎわい、遊園地《ゆうえんち》を建設《けんせつ》する計画《けいかく》もありました。

ところが生活《せいかつ》が豊《ゆた》かになり、ごみが急増《きゅうぞう》すると、状況《じょうきょう》は一変《いっぺん》。**島《しま》には高《たか》さ20m、幅《はば》270mにもなる「生《なま》ごみの断崖《だんがい》」が築《きず》かれ、ハエの大群《たいぐん》が近《ちか》くの町《まち》を襲《おそ》う**ようになります。

最後《さいご》は自衛隊《じえいたい》と消防《しょうぼう》が協力《きょうりょく》して、ハエとごみを焼《や》き払《はら》う「夢《ゆめ》の島《しま》焦土《しょうど》作戦《さくせん》」が実行《じっこう》されました。

現在《げんざい》、日本《にほん》では1日《にち》に1・1億《おく》kgのごみが出《で》ています。このペースだと、2041年《ねん》には、ごみを埋《う》める場所《ばしょ》がなくなると予想《よそう》されています。

もっと知《し》りたい！

日本《にほん》のごみのリサイクル率《りつ》は20%。残《のこ》りは焼却《しょうきゃく》され、その灰《はい》が埋《う》め立《た》てられる

日本《にほん》は「カワイイ」に侵略《しんりゃく》されている

ネコ、ウサギ、ヤギ。どれもかわいくて人気《にんき》の動物《どうぶつ》です。

でもこれらの動物《どうぶつ》が、日本《にほん》を侵略《しんりゃく》しつつあります。日本《にほん》の自然《しぜん》や生態系《せいたいけい》を壊《こわ》す外来種《がいらいしゅ》だからです。

外来種《がいらいしゅ》とは、人間《にんげん》によってほかの地域《ちいき》から持《も》ちこまれた生《い》き物《もの》のこと。

たとえばネコは、ネズミを狩《か》るために、平安時代《へいあんじだい》より前《まえ》に外国《がいこく》から持《も》ちこまれました。ヤギは乳《ちち》や肉《にく》、ウサギは毛皮《けがわ》をとるために、人間《にんげん》が外国《がいこく》から運《はこ》んできたのです。

しかし**野放《のばな》しにして増《ふ》え過《す》ぎた結果《けっか》、日本《にほん》の自然《しぜん》を荒《あ》らすように**。そこで今《いま》は、野生《やせい》の個体《こたい》は殺処分《さつしょぶん》されています。持《も》ちこむのも捨《す》てるのも殺《ころ》すのも、ぜんぶ人間《にんげん》の都合《つごう》です。

意外《いがい》なカンケイ

日本《にほん》のワカメは外国《がいこく》だと侵略的外来種《しんりゃくてきがいらいしゅ》。貝類《かいるい》やイセエビの成長《せいちょう》をさまたげる

世界《せかい》は右利《みぎき》き用《よう》に設計《せっけい》されていた

鉛筆《えんぴつ》を右手《みぎて》から左手《ひだりて》に持《も》ち替《か》えてみましょう。それだけで世界《せかい》の感《かん》じ方《かた》はガラリと変《か》わります。

ひらがなも漢字《かんじ》も、横《よこ》の画《かく》は左《ひだり》から右《みぎ》へ書《か》くので、左手《ひだりて》で書《か》くと線《せん》が手《て》で隠《かく》れて見《み》えません。ノートも横《よこ》書《が》きだと左《ひだり》から右《みぎ》に書《か》くので、見《み》づらいです。

また、**教室《きょうしつ》の窓《まど》がかならず左側《ひだりがわ》にある**のは、右手《みぎて》でノートを取《と》るときに手《て》の影《かげ》で文字《もじ》が書《か》きづらくなるのを防《ふせ》ぐため。建物《たてもの》や道具《どうぐ》は、右利《みぎき》き用《よう》に作《つく》られたものが多《おお》いのです。

そこで最近《さいきん》は左利《ひだりき》き用《よう》の商品《しょうひん》も少《すこ》しずつ登場《とうじょう》。あらゆる人《ひと》が使《つか》いやすいデザイン「ユニバーサルデザイン」が取《と》り入《い》れられ始《はじ》めています。

もっと知《し》りたい！

「右利《みぎき》きは赤《あか》、左利《ひだりき》きは青《あお》を持《も》って」とイラストで説明《せつめい》する商品《しょうひん》も登場《とうじょう》している

ふしぎ

宗教《しゅうきょう》によって死後《しご》の世界《せかい》は変《か》わる

世《せ》界《かい》の9割《わり》近《ちか》くの人《ひと》が、何《なん》らかの宗教《しゅうきょう》の信者《しんじゃ》です。

いちばん信者《しんじゃ》が多《おお》いのは、キリスト教《きょう》で約《やく》24億人《おくにん》。2番目《ばんめ》はイスラム教《きょう》で約《やく》19億人《おくにん》。仏教《ぶっきょう》は4番目《ばんめ》で、約《やく》5億人《おくにん》の信者《しんじゃ》がいます。

死後《しご》の世界《せかい》は、それぞれの宗教《しゅうきょう》で異《こと》なります。**生前《せいぜん》に善《よ》い行《おこな》いをすれば天国《てんごく》へ、悪《わる》い行《おこな》いをすれば地獄《じごく》へ行《い》くのは、じつはキリスト教《きょう》の教《おし》え**。仏教《ぶっきょう》では、生前《せいぜん》の行《おこな》いによって、六《りく》道《どう》（天《てん》・人間《にんげん》・修羅《しゅら》・畜生《ちくしょう》・餓鬼《がき》・地獄《じごく》）のどれかの世界《せかい》に生《う》まれ変《か》わるとされています。また、イスラム教《きょう》では、死《し》んでも「裁《さば》きの日《ひ》」に復活《ふっかつ》すると教《おし》えられます。そのため死体《したい》は燃《も》やさず、土葬《どそう》が基本《きほん》です。

もっと知《し》りたい！

世界《せかい》で3番目《ばんめ》に信者《しんじゃ》が多《おお》いのはヒンドゥー教《きょう》で、約《やく》12億人《おくにん》の信者《しんじゃ》がいる

校《こう》長《ちょう》先《せん》生《せい》は給《きゅう》食《しょく》の毒《どく》味《み》をしている

校《こう》長先生《ちょうせんせい》は、子《こ》どもたちより30分前《ぷんまえ》には給食《きゅうしょく》を食《た》べます。

食《く》いしん坊《ぼう》なのではありません。これは「検食《けんしょく》」と言《い》って、学校給食《がっこうきゅうしょく》法《ほう》で決《き》められた大切《たいせつ》な仕事《しごと》です。

給食《きゅうしょく》は、同《おな》じ調理場《ちょうりば》で大量《たいりょう》につくられます。もしもそこで毒物《どくぶつ》や異物《いぶつ》が混《ま》ざったり、腐《くさ》った食材《しょくざい》が使《つか》われたりしたら、たくさんの子《こ》どもたちが重大《じゅうだい》な被害《ひがい》を受《う》けます。そのため給食《きゅうしょく》が安全《あんぜん》かどうか、校長先生《こうちょうせんせい》が事《じ》前《ぜん》にチェックしているのです。

検食《けんしょく》では、食材《しょくざい》をひっくり返《かえ》しながら、におい、色《いろ》、味《あじ》を細《こま》かく確認《かくにん》。**異常《いじょう》があった場合《ばあい》は、すぐに給食《きゅうしょく》の配膳《はいぜん》を中止《ちゅうし》します**。実際《じっさい》に検食《けんしょく》で防《ふせ》がれた事件《じけん》や事故《じこ》も多《おお》くあります。

衝撃《しょうげき》の事実《じじつ》！

校長《こうちょう》は授業《じゅぎょう》の開始《かいし》と終了時間《しゅうりょうじかん》を決《き》めたり、テストや宿題《しゅくだい》をなくしたりできる

社会《しゃかい》は人間交際《じんかんこうさい》とよばれていた

もともと日本《にほん》には「社会《しゃかい》」という言葉《ことば》はありませんでした。明治時代《めいじじだい》から、海外《かいがい》の学問《がくもん》や文化《ぶんか》を取《と》り入《い》れる中《なか》で、英語《えいご》の「society」に当《あ》たる言葉《ことば》として使《つか》われるようになりました。

社会《しゃかい》とは、「広《ひろ》く人々《ひとびと》が集《あつ》まって共同《きょうどう》で生活《せいかつ》を営《いとな》むこと」です。しかし江戸時代《えどじだい》には「寄合《よりあい》」など、数十《すうじゅう》人《にん》の集団《しゅうだん》を表《あらわ》す言葉《ことば》しかありませんでした。江戸末期《えどまっき》、思想家《しそうか》の福沢諭吉《ふくざわゆきち》は「society」の訳語《やくご》として「人間交際《じんかんこうさい》」という言葉《ことば》を作《つく》りましたが、広《ひろ》まりませんでした。

通信《つうしん》や交通《こうつう》が発達《はったつ》していない時代《じだい》に、社会《しゃかい》を想像《そうぞう》することは、とても難《むずか》しいことだったのかもしれません。

もっと知《し》りたい！

明治《めいじ》8年《ねん》、作家《さっか》の福地桜痴《ふくちおうち》が新聞《しんぶん》に「社会《しゃかい》（ソサイチー）」と書《か》いたのが最初《さいしょ》

問題《もんだい》

八百屋《やおや》から黄金《おうごん》のバナナをぬすんだ疑《うたが》いのある動物《どうぶつ》が４頭《とう》つかまった。しかし、だれが真犯人《しんはんにん》なのかがわからない。町《まち》に残《のこ》された暗号《あんごう》を頼《たよ》りに、真犯人《しんはんにん》の名前《なまえ》を当《あ》ててほしい。

考《かんが》えてみよう

バナナどろぼうの犯人《はんにん》はだれだ？

ヒント

数字《すうじ》が書《か》かれているお店《みせ》の名前《なまえ》を「お店《みせ》が多《おお》い順《じゅん》」に並《なら》べてみよう！

町《まち》にあるお店《みせ》の数《かず》　全国《ぜんこく》ランキング（2024年《ねん》）

（店《てん》）

1位《い》	美容院《びよういん》	26万《まん》9000	9位《い》	ドラッグストア	2万《まん》3000
2位《い》	理容院《りよういん》	11万《まん》2000	9位《い》	スーパーマーケット	2万《まん》3000
3位《い》	クリニック（一般診療所《いっぱんしんりょうしょ》）	10万《まん》5000	11位《い》	ラーメン店《てん》	2万《まん》2000
4位《い》	歯医者《はいしゃ》	6万《まん》7000	12位《い》	クリーニング店《てん》	2万《まん》1000
5位《い》	カフェ	5万《まん》8000	13位《い》	書店《しょてん》	1万《まん》0000
6位《い》	コンビニエンスストア	5万《まん》5000	14位《い》	ベーカリー	9000
7位《い》	銀行《ぎんこう》（信用金庫《しんようきんこ》ふくむ）	4万《まん》7000	15位《い》	ファミリーレストラン	6000
8位《い》	フラワーショップ	2万《まん》5000			

答《こた》え：ウシとコアラ

店数《みせすう》が多《おお》い順《じゅん》に並《なら》べると、美容院《びよういん》、歯医者《はいしゃ》、コンビニエンスストア、銀行《ぎんこう》、ドラッグストア、ラーメン店《てん》となる。それぞれの店《みせ》の名前《なまえ》から「数字《すうじ》と対応《たいおう》する文字《もじ》」を抜《ぬ》き出《だ》すと、「うしとこあら」になる。

伝説《でんせつ》の政治家《せいじか》

日本《にほん》の通貨《つうか》の単位《たんい》である「円《えん》」をつくった

大隈《おおくま》重信《しげのぶ》さん
（1838〜1922年《ねん》）

明治《めいじ》・大正《たいしょう》時代《じだい》の政治家《せいじか》。第《だい》8代《だい》・17代《だい》の内閣総理大臣《ないかくそうりだいじん》を務《つと》める。鉄道網《てつどうもう》や貨幣制度《かへいせいど》の整備《せいび》、グレゴリオ暦《れき》の導入《どうにゅう》など、日本《にほん》の近代化《きんだいか》に努《つと》めた。

円《えん》の名前《なまえ》と形《かたち》、どちらが先《さき》に決《き》められたのかはわからない。大隈《おおくま》はめちゃくちゃ筆《ふで》不精《ぶしょう》で、記録《きろく》を残《のこ》さなかったんだって。

日本《にほん》のお札《さつ》に最初《さいしょ》に描《えが》かれた肖像画《しょうぞうが》は神功皇后《じんぐうこうごう》だよ。イタリア人画家《じんがか》が描《か》いたので、顔立《かおだ》ちが外国女性風《がいこくじょせいふう》になっているよ。

日《に》本《ほん》のお金《かね》は「円《えん》」という単位《たんい》で数《かぞ》えられているね。これが決《き》められたのは明治《めいじ》4（1871）年《ねん》なんだ。

江戸《えど》時代《じだい》は、幕府《ばくふ》が発行《はっこう》するお金《かね》以外《いがい》に、各地《かくち》の藩《はん》が独自《どくじ》にお金《かね》を発行《はっこう》していた。そのせいで交換《こうかん》がとても複雑《ふくざつ》で、偽《にせ》札《さつ》も多《おお》かったんだ。

統計《とうけい》を重《おも》んじ合理的《ごうりてき》だった大隈《おおくま》は、「それ、なんか意味《いみ》あるんすか?」って感《かん》じで、お金《かね》の制度《せいど》を改革《かいかく》するよ。

まず、数《かぞ》え方《かた》は10進法《しんほう》を基準《きじゅん》とすること（一円札《いちえんさつ》が10枚《まい》で10円《えん》、十円札《じゅうえんさつ》が10枚《まい》で100円《えん》と「10」をひと区切《くぎ》りに数《かぞ》えること）。そして硬貨《こうか》の形《かたち》を四角形《しかくけい》から円形《えんけい》にすること、単位《たんい》を「両《りょう》」から「円《えん》」に変《か》えることを決《き》めたんだ。

じつは「工夫《くふう》」されているんです！

おまけ①

クイズ

危険《きけん》を知《し》らせるために使《つか》われる色《いろ》の組《く》み合《あ》わせは？

①青《あお》と白《しろ》　②黄色《きいろ》と黒《くろ》　③ピンクと緑《みどり》

クイズの答《こた》え：②

第《だい》2章《しょう》

知《し》れば知《し》るほど好《す》きになる昔《むかし》のひみつ

メイクは昔《むかし》、魔《ま》よけだった

昔《むかし》のメイクは、顔《かお》を肌色《はだいろ》ではなく、真《ま》っ赤《か》にぬっていました。古墳時代《こふんじだい》のはにわ（素焼《すや》きの土人形《つちにんぎょう》）には、赤《あか》い顔料《がんりょう》で化粧《けしょう》が施《ほどこ》されています。古代《こだい》の人《ひと》は、**目《め》や口《くち》などの穴《あな》から、魔物《まもの》が体《からだ》に入《はい》ってくる**と考《かんが》えていました。そこで魔《ま》よけのため、目《め》や口《くち》のまわりを生命力《せいめいりょく》の象徴《しょうちょう》である赤色《あかいろ》でぬって守《まも》ったのです。

メイクで自分《じぶん》を美《うつく》しく見《み》せるようになったのは、飛鳥時代《あすかじだい》から。遣隋使《けんずいし》によって大陸《たいりく》から白粉《おしろい》がもちこまれると、化粧《けしょう》は貴族《きぞく》の身《み》だしなみとなりました。肌《はだ》の白《しろ》さは「外《そと》で働《はたら》かなくてもよい身分《みぶん》」という高貴《こうき》の証《あかし》とされたのです。同時《どうじ》に、暗闇《くらやみ》で顔《かお》を美《うつく》しくみせる効果《こうか》もありました。

もっと知《し》りたい！

江戸時代《えどじだい》の歌舞伎役者《かぶきやくしゃ》は化粧品《けしょうひん》のモデルを務《つと》め、自作《じさく》のコスメも販売《はんばい》した

「雷様《かみなりさま》がへそを取《と》る」のは優《やさ》しさから

昔《むかし》から、「雷《かみなり》が鳴《な》ったらへそを隠《かく》せ。じゃないと雷様《かみなりさま》にへそを取《と》られる」と言《い》われています。

そんなわけはありません。今《いま》までにへそを取《と》られた人《ひと》は、一人《ひとり》もいません。では、なぜこんな言《い》い伝《つた》えが広《ひろ》まったのでしょうか。

ひみつは、雲《くも》にあります。雷《かみなり》は、積乱雲《せきらんうん》という大《おお》きな雲《くも》から生《う》まれます。この積乱雲《せきらんうん》は、地上《ちじょう》に冷《つめ》たい風《かぜ》を吹《ふ》きつけます。**もしもへそを出《だ》したまま冷《つめ》たい風《かぜ》をあび続《つづ》けたら、お腹《なか》を壊《こわ》してしまう**。だから「へそを取《と》られるぞ」と子《こ》どもを恐《こわ》がらせて、服《ふく》を着《き》させたと考《かんが》えられるのです。

このように迷信《めいしん》には、先人《せんじん》の経験《けいけん》や知恵《ちえ》から生《う》まれたものもあります。

衝撃《しょうげき》の事実《じじつ》！

「酢《す》で体《からだ》が柔《やわ》らかくなる」「チョコを食《た》べると鼻血《はなぢ》が出《で》る」はどちらもうそ

綱《つな》引《ひ》きは占《うらな》いだった

綱《つな》引《ひ》きの起源《きげん》は古《ふる》く、4000年《ねん》以上前《いじょうまえ》のエジプトの壁画《へきが》にも描《か》かれています。

日本《にほん》でも、奈良時代《ならじだい》に書《か》かれた神話《しんわ》に登場《とうじょう》するほど古《ふる》くからありましたが、昔《むかし》は競技《きょうぎ》ではなく神事《しんじ》でした。

たとえば、雨組《あめぐみ》と干《かん》ばつ組《ぐみ》に分《わ》かれて、雨組《あめぐみ》が勝《か》てばその年《とし》は豊作《ほうさく》。また、陸組《りくぐみ》と海組《うみぐみ》に分《わ》かれて、勝《か》ったほうは収穫《しゅうかく》が多《おお》くなるなど、**作物《さくもつ》や漁《りょう》の出来《でき》を占《うらな》う儀式《ぎしき》**だったのです。

科学《かがく》がなかった時代《じだい》、病気《びょうき》や災害《さいがい》は神《かみ》や悪霊《あくりょう》の仕業《しわざ》と考《かんが》えられ、占《うらな》いで国《くに》や村《むら》の行《おこな》いを決《き》めていました。

一般《いっぱん》に遊《あそ》びとして広《ひろ》まったのは鎌《かま》倉《くら》時代《じだい》からで、明治《めいじ》になると運動会《うんどうかい》の競技《きょうぎ》として全国《ぜんこく》に広《ひろ》まりました。

衝撃《しょうげき》の事実《じじつ》！

綱引《つなひ》きは初期《しょき》のオリンピック正式種目《せいしきしゅもく》。イギリスとスウェーデンが強豪国《きょうごうこく》だった

土俵《どひょう》の真《ま》ん中《なか》には スルメが埋《う》まっている

ほかに米《こめ》、塩《しお》、勝栗《かちぐり》、昆布《こんぶ》、かやの実《み》も埋《う》まっています。

これらは**神様《かみさま》へのお供《そな》え物《もの》**です。相撲《すもう》では、その年《とし》の場所《ばしょ》（勝負《しょうぶ》）が始《はじ》まる前《まえ》に、審判《しんぱん》をする行司《ぎょうじ》が、土俵《どひょう》の真《ま》ん中《なか》に四角《しかく》い穴《あな》を掘《ほ》って埋《う》めます。そして神様《かみさま》に無事《ぶじ》を祈《いの》るのです。

元々《もともと》相撲《すもう》は、作物《さくもつ》が豊《ゆた》かに実《みの》るように神様《かみさま》にお願《ねが》いをする儀式《ぎしき》でした。力士《りきし》が足《あし》を上《あ》げ下《さ》げする「四股踏《しこふ》み」も、大地《だいち》を力強《ちからづよ》く踏《ふ》んで災《わざわ》いを追《お》い払《はら》うという意味《いみ》があります。

その後《ご》、鎌倉時代《かまくらじだい》から武士《ぶし》の体《からだ》をきたえる訓練《くんれん》として、相撲《すもう》が取《と》り入《い》れられます。江戸時代《えどじだい》になると、プロの力士《りきし》が生《う》まれ、相撲《すもう》は歌舞伎《かぶき》と並《なら》ぶ庶民《しょみん》の娯楽《ごらく》として広《ひろ》まりました。

もっと知《し》りたい！

両国国技館《りょうごくこくぎかん》の床下《ゆかした》は空洞《くうどう》で、次《つぎ》の場所《ばしょ》が始《はじ》まるまで、土俵《どひょう》は床下《ゆかした》に収納《しゅうのう》される

神主《かんぬし》ははかまの色《いろ》でえらさがわかる

寺《てら》と神社《じんじゃ》の違《ちが》い、みなさんはわかりますか？　仏《ほとけ》をまつっているのが寺《てら》、日本《にほん》の神様《かみさま》をまつっているのが神社《じんじゃ》です。

仏《ほとけ》は「悟《さと》りを開《ひら》いた人《ひと》（ブッダ）」のこと。だから寺《てら》には、形《かたち》ある仏像《ぶつぞう》が置《お》かれています。一方《いっぽう》で、神社《じんじゃ》では神様《かみさま》は目《め》に見《み》えません。だから、神社《じんじゃ》では神様《かみさま》が宿《やど》ったとされる物《もの》（木《き》、岩《いわ》、山《やま》など）を「ご神体《しんたい》」としてまつっているのです。

そんな神社《じんじゃ》にも、目《め》で見《み》てすぐにわかることがあります。それは神主《かんぬし》の身分《みぶん》です。神主《かんぬし》は、神社《じんじゃ》に奉仕《ほうし》する人《ひと》のこと。祝詞《のりと》をあげるほか、初《はつ》詣《もうで》、厄除《やくよ》け、地鎮祭《じちんさい》などの神事《しんじ》を執《と》り行《おこな》います。

神社本庁《じんじゃほんちょう》によって、**神主《かんぬし》の身分《みぶん》は**

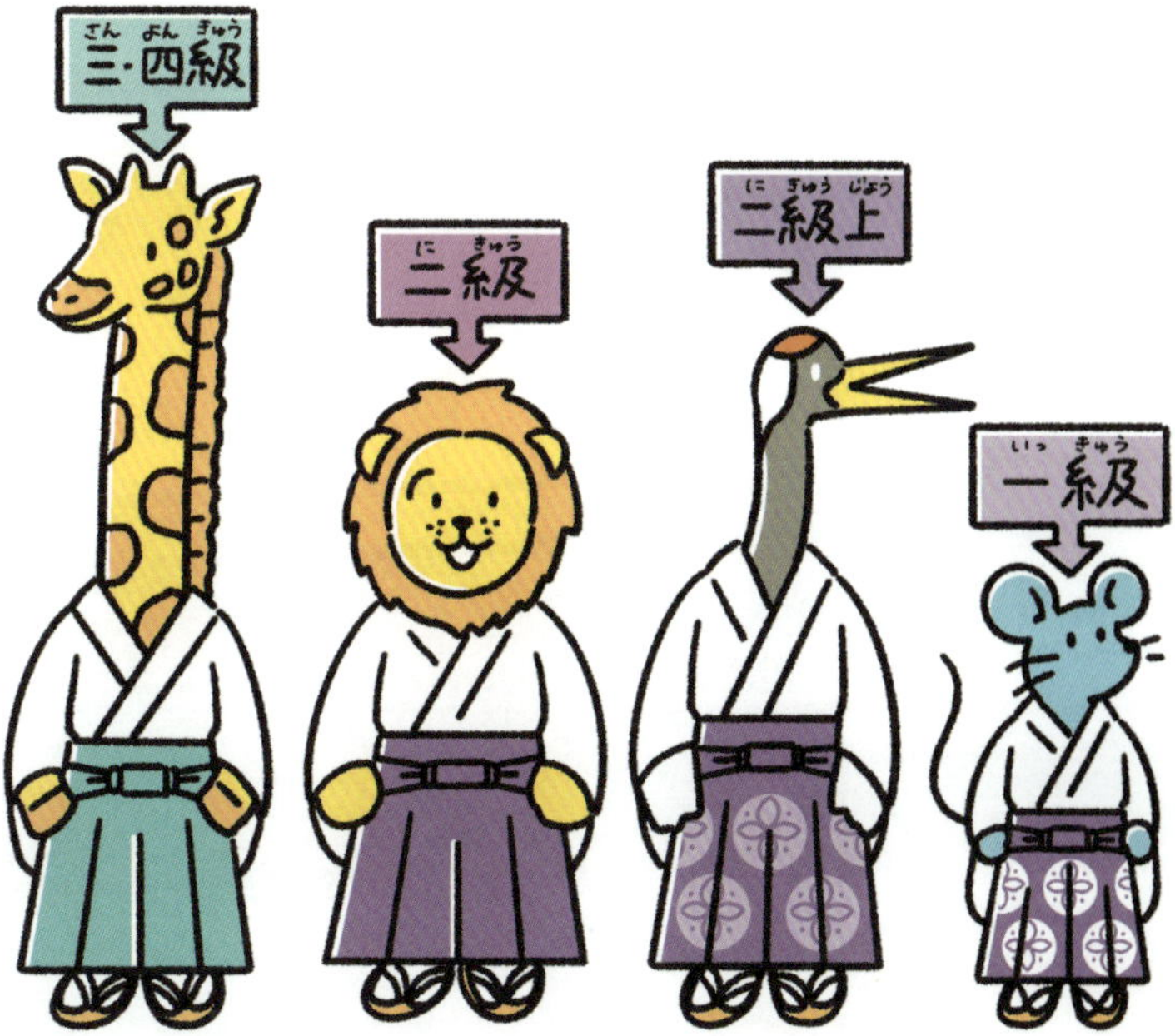

特級《とっきゅう》から四級《よんきゅう》まで6つに分《わ》けられています。その身分《みぶん》によって、身《み》に着《つ》けるはかまの色《いろ》が変《か》わります。最高《さいこう》級《きゅう》である特級《とっきゅう》は「白《しろ》」、いちばん低《ひく》い四級《よんきゅう》は「浅黄色《あさぎいろ》(青緑色《あおみどりいろ》)」です。

着物《きもの》の色《いろ》で身分《みぶん》を表《あらわ》すことは、日《に》本《ほん》では1200年《ねん》以上前《いじょうまえ》の奈良時代《ならじだい》の法律《ほうりつ》から始《はじ》まりました。この仕組《しく》みが今《いま》も続《つづ》いているのです。

色《いろ》で位《くらい》がわかる！

奈良時代《ならじだい》に聖徳太子《しょうとくたいし》が役《やく》人《にん》の位《くらい》を十二《じゅうに》に分《わ》け、冠《かんむり》の色《いろ》などで区別《くべつ》しました。位《くらい》が高《たか》い順《じゅん》に紫《むらさき》、青《あお》、赤《あか》、黄《き》、白《しろ》、黒《くろ》です。「冠位十二《かんいじゅうに》階《かい》」といい、能力《のうりょく》のある者《もの》を取《と》り立《た》てて高《たか》い地位《ちい》につかせるための仕組《しく》みでした。

もっと知《し》りたい！

神主《かんぬし》になるには、大学《だいがく》や養成所《ようせいじょ》、通信教育《つうしんきょういく》を経《へ》て、資格《しかく》を取《と》る必要《ひつよう》がある

昔《むかし》は正《しょう》月《がつ》がくると1つ歳《とし》を取《と》った

お年寄《としよ》りが「わたしは数《かぞ》えで92歳《さい》」などと言《い》うのを聞《き》いたことはありませんか？

数《かぞ》えとは「数《かぞ》え年《どし》」のこと。**戦前《せんぜん》の日本《にほん》では、今《いま》とは年齢《ねんれい》の数《かぞ》え方《かた》が違《ちが》っていました。**

今《いま》は生《う》まれたときは0歳《さい》で、1年《ねん》後《ご》の誕生日《たんじょうび》に1つ歳《とし》を取《と》ります。

一方《いっぽう》、数《かぞ》え年《どし》では、生《う》まれたときを1歳《さい》と数《かぞ》えます。さらに新年《しんねん》（元《がん》日《じつ》）になると誕生日《たんじょうび》に関係《かんけい》なく、全《ぜん》員《いん》が1つ歳《とし》を取《と》ります。もしも大晦《おおみそ》日《か》に生《う》まれたら、翌日《よくじつ》にはもう2歳《さい》になっているのです。

数《かぞ》え年《どし》の起源《きげん》は不明《ふめい》ですが、母親《ははおや》のお腹《なか》に宿《やど》ったときから数《かぞ》え始《はじ》めるからという説《せつ》もあります。

もっと知《し》りたい！

神社《じんじゃ》で見《み》る「厄年《やくどし》」（悪《わる》いことが起《お》こりやすいとされる年《とし》）は数《かぞ》え年《どし》で数《かぞ》える

お年玉《としだま》は神様《かみさま》からもらう魂《たましい》だった

アメリカやヨーロッパには、お年玉《としだま》はありません。

これには宗教《しゅうきょう》が深《ふか》く関係《かんけい》しています。キリスト教《きょう》が広《ひろ》く信《しん》じられている国《くに》では、キリストの生誕祭《せいたんさい》であるクリスマスを盛大《せいだい》に祝《いわ》います。一方《いっぽう》、正月《しょうがつ》にあたる行事《ぎょうじ》はありません。

正月《しょうがつ》は、神道《しんとう》の行事《ぎょうじ》で、本来《ほんらい》は五《ご》穀豊穣《こくほうじょう》や子孫繁栄《しそんはんえい》をもたらす「歳神《としがみ》様《さま》」を家《いえ》にお迎《むか》えする行事《ぎょうじ》でした。正月《しょうがつ》に飾《かざ》る鏡餅《かがみもち》は、この歳神様《としがみさま》へのお供《そな》え物《もの》なのです。

そして鏡餅《かがみもち》には、歳神様《としがみさま》の魂《たましい》が宿《やど》るとされ、ご利益《りやく》を得《え》るため家族《かぞく》全員《ぜんいん》で分《わ》けて食《た》べました。これが本《ほん》来《らい》のお年玉《としだま》（御歳魂《おとしだま》）ですが、昭和中《しょうわちゅう》期《き》以降《いこう》お金《かね》を配《くば》るようになりました。

意外《いがい》なカンケイ

デンマークの新年《しんねん》は他人《たにん》の家《いえ》に皿《さら》を投《な》げる。投《な》げられた数《かず》が多《おお》いほど幸福《こうふく》になる

江戸《えど》時代《じだい》は名字《みょうじ》を教《おし》えると罰《ばつ》を受《う》けた

みんなの前《まえ》で「わたしは佐藤《さとう》」と言《い》った瞬間《しゅんかん》につかまります。名字《みょうじ》が生《う》まれたのは平安時代《へいあんじだい》。貴《き》族《ぞく》が「一条《いちじょう》」「二条《にじょう》」など、自分《じぶん》の家《いえ》がある地名《ちめい》で呼《よ》び合《あ》うようになったのが始《はじ》まりです。その後《ご》、武士《ぶし》や庶民《しょみん》にも名字《みょうじ》が定着《ていちゃく》していきました。

ところが江戸時代《えどじだい》に「苗字帯刀《みょうじたいとう》の禁令《きんれい》」が出《だ》されます。これは**武士《ぶし》や公家《くげ》など、一部《いちぶ》の特権階級《とっけんかいきゅう》しか名字《みょうじ》と刀《かたな》を持《も》ってはいけない**という法令《ほうれい》。そのため平民《へいみん》は、公《おおやけ》の場所《ばしょ》で名字《みょうじ》を名乗《なの》れなくなってしまいました。

その後《ご》、明治時代《めいじじだい》に全国民《ぜんこくみん》の戸籍《こせき》をつくる必要《ひつよう》が生《う》まれたことから、「平民苗字許可令《へいみんみょうじきょかれい》」が出《だ》され、ふたたび名乗《なの》れるようになりました。

意外《いがい》なカンケイ

サイトウの「サイ」が人《ひと》によって違《ちが》うのは各地《かくち》の役人《やくにん》が間違《まちが》えて戸籍登録《こせきとうろく》したから

昔《むかし》の大家《おおや》は住人《じゅうにん》のうんこを売《う》ってくらしていた

江《え》戸《ど》時代《じだい》、うんこは、買《か》ったり売《う》ったりされていました。**うんこは寝《ね》かせて腐《くさ》らせると、農《のう》作物《さくぶつ》の肥料《ひりょう》になります。**そのため家《いえ》を回《まわ》ってうんこを買《か》い取《と》る「下肥買《しもごえが》い」という仕事《しごと》もあったのです。

そこに目《め》をつけたのが、長屋《ながや》の大《おお》家《や》です。長屋《ながや》とは、昔《むかし》の集合住宅《しゅうごうじゅうたく》のこと。長屋《ながや》には、住人《じゅうにん》が共同《きょうどう》で使《つか》うトイレが1つしかなく、今《いま》みたいに流《なが》すこともできませんでした。大家《おおや》は、農家《のうか》と年間契約《ねんかんけいやく》を結《むす》び、たまった大量《たいりょう》のうんこを売《う》っていました。すばらしいうんこの有効活用《ゆうこうかつよう》です。

毎月《まいつき》のうんこの売値《うりね》は、大家《おおや》の月《げっ》収《しゅう》と同《おな》じか、それ以上《いじょう》だったと言《い》いますから、夢《ゆめ》もモリモリです。

衝撃《しょうげき》の事実《じじつ》！

よい食生活《しょくせいかつ》をしている大名《だいみょう》や商人《しょうにん》のうんこほど、よいランクで、高《たか》く売《う》れた

江《え》戸《ど》時《じ》代《だい》は水《みず》に灰《はい》を入《い》れて洗《せん》濯《たく》した

なるほど

水《みず》に灰《はい》を混《ま》ぜたら、もっと服《ふく》が汚《よご》れるかと思《おも》いきや、きわめて合理的《ごうりてき》な理由《りゆう》があります。

服《ふく》の汚《よご》れ（人《ひと》の体《からだ》から出《で》る皮脂《ひし》）は、脂肪酸《しぼうさん》という酸《さん》でできています。一方《いっぽう》で、水《みず》に灰《はい》を混《ま》ぜた灰汁《あく》は、アルカリ性《せい》です。酸《さん》とアルカリは、磁石《じしゃく》のプラスとマイナスのように、くっつき合《あ》う性質《せいしつ》があります。そのため**水《みず》に溶《と》けない油汚《あぶらよご》れも、灰《はい》を混《ま》ぜるときれいに取《と》れる**のです。

さらに、餅《もち》つきの臼《うす》の中《なか》に服《ふく》を入《い》れてきねでついたり、お湯《ゆ》を使《つか》ったりして汚《よご》れを落《お》とすこともあったと史料《しりょう》に残《のこ》されています。機械《きかい》がない時代《じだい》だからこそ、あるものを上手《じょうず》に利用《りよう》する知恵《ちえ》が生《う》まれたのです。

もっと知《し》りたい！

日本初《にほんはつ》の電気洗濯機《でんきせんたくき》の発売《はつばい》は1930年《ねん》で、今《いま》の価値《かち》で150万円《まんえん》もした

日本《にほん》では1200年間《ねんかん》、動物《どうぶつ》の肉《にく》を食《た》べてはいけなかった

675年《ねん》、天武天皇《てんむてんのう》が「牛《うし》、馬《うま》、犬《いぬ》、猿《さる》、鶏《にわとり》の肉《にく》を食《た》べてはならない」という法令《ほうれい》を発布《はっぷ》します。それから明治《めいじ》4年《ねん》に全面解禁《ぜんめんかいきん》されるまでの約《やく》1200年間《ねんかん》、ずっと肉食《にくしょく》は禁止《きんし》されてきました。

　理由《りゆう》は大《おお》きく2つ。1つは仏教《ぶっきょう》の広《ひろ》まりです。**仏教《ぶっきょう》では、動物《どうぶつ》の命《いのち》をうばうことを禁《きん》じています。**もう1つは、牛《うし》や馬《うま》など農作業《のうさぎょう》に使《つか》う動物《どうぶつ》を食《た》べると、米《こめ》の収穫高《しゅうかくだか》が減《へ》るため、肉食《にくしょく》を禁《きん》じたという説《せつ》もあります。

　でも、やっぱり肉《にく》はおいしいので、多《おお》くの人々《ひとびと》は隠《かく》れて食《た》べていました。馬肉《ばにく》を桜《さくら》、鹿肉《しかにく》を紅葉《もみじ》とよぶのは、肉《にく》だとばれずに食《た》べるために昔《むかし》の人《ひと》が考《かんが》えた隠語《いんご》のなごりなのです。

意外《いがい》なカンケイ

江戸時代《えどじだい》、肉料理屋《にくりょうりや》は猪《いのしし》を「山鯨《やまくじら》」とよんで、動物《どうぶつ》の肉《にく》ではないからOKとした

今《いま》あるお米《こめ》は、たった3本《ぼん》の稲《いね》の子《し》孫《そん》

すごい

コシヒカリ、ひとめぼれなど、日本《にほん》のお米《こめ》の品種《ひんしゅ》は、現在《げんざい》1000種《しゅ》ほどあります。

これらのお米《こめ》の家系図《かけいず》をさかのぼると、**一種類《いっしゅるい》のお米《こめ》に行《い》きつきます。**それが、明治《めいじ》30年《ねん》に山形《やまがた》で誕生《たんじょう》した「亀《かめ》ノ尾《お》」です。

その4年前《ねんまえ》、山形《やまがた》では深刻《しんこく》な冷害《れいがい》が発生《はっせい》し、ほとんどの稲《いね》が育《そだ》たず倒《たお》れてしまいました。困《こま》った米農家《こめのうか》の阿部亀治《あべかめじ》は、お参《まい》りに行《い》った神社《じんじゃ》で、元気《げんき》に実《み》を結《むす》ぶ3本《ぼん》の稲穂《いなほ》を見《み》つけます。亀治《かめじ》はこれを持《も》ち帰《かえ》り、さまざまな稲《いね》とかけ合《あ》わせて、風《かぜ》や害虫《がいちゅう》に強《つよ》い亀《かめ》ノ尾《お》を作《つく》ったのです。

その後《ご》、さらに品種改良《ひんしゅかいりょう》が重《かさ》ねられて、今《いま》のお米《こめ》が生《う》まれました。

もっと知《し》りたい!

前年《ぜんねん》にとれた米《こめ》は古米《こまい》、2年前《ねんまえ》は古古米《ここまい》、3年前《ねんまえ》は古古古米《こここまい》と、毎年《まいとし》「古《こ》」が足《た》される

皇室《こうしつ》では毎年《まいとし》カイコを育《そだ》てる儀式《ぎしき》がある

皇《こう》居《きょ》では、明治《めいじ》4年《ねん》から歴代《れきだい》の皇后《こうごう》（天皇《てんのう》の妻《つま》）によって、カイコが育《そだ》てられてきました。

カイコの幼虫《ようちゅう》は、糸《いと》を吐《は》き出《だ》して繭《まゆ》をつくります。この糸《いと》は、絹《きぬ》（シルク）とよばれ、編《あ》めば丈夫《じょうぶ》で肌触《はだざわ》りのよい布《ぬの》になります。そのため日《に》本《ほん》では、**3世紀頃《せいきごろ》からカイコを育《そだ》てて糸《いと》を収穫《しゅうかく》する「養蚕《ようさん》」が行《おこな》われてきました**。明治時代《めいじじだい》になると、国《くに》を挙《あ》げて工業《こうぎょう》に取《と》り組《く》み、その代表《だいひょう》が養蚕《ようさん》でした。

皇后《こうごう》がカイコを育《そだ》てるのは、この伝統文化《でんとうぶんか》を守《まも》るためです。カイコに桑《くわ》の葉《は》を与《あた》えることを「御給桑《ごきゅうそう》」、繭《まゆ》を箱《はこ》から外《はず》すことを「繭《まゆ》かき」とよび、毎年《まいとし》行《おこな》われます。

もっと知《し》りたい！

皇室《こうしつ》で取《と》れた絹糸《きぬいと》は、正倉院《しょうそういん》という蔵《くら》にある古代《こだい》の宝物《たからもの》の修復《しゅうふく》に使《つか》われる

雨《あめ》の日《ひ》に傘《かさ》をさすと馬《ば》鹿《か》にされた

そもそも傘《かさ》は、雨《あめ》ではなく日差《ひざ》しをよけるための道具《どうぐ》でした。誕生《たんじょう》したのは、今《いま》から約《やく》4000年前《ねんまえ》。古代《こだい》ギリシャ時代《じだい》の絵《え》には、身分《みぶん》の高《たか》い婦人《ふじん》が、家来《けらい》に傘《かさ》を持《も》たせている様子《ようす》が残《のこ》されています。

日本《にほん》で傘《かさ》が使《つか》われるようになったのは9世紀頃《せいきごろ》。当初《とうしょ》は、傘《かさ》をさして人目《ひとめ》を引《ひ》き、身分《みぶん》が高《たか》いことを周囲《しゅうい》に示《しめ》すための道具《どうぐ》でした。その後《ご》、12世紀以降《せいきいこう》になると庶民《しょみん》も傘《かさ》を持《も》つようになり、次第《しだい》に雨《あめ》をよける道具《どうぐ》としても使《つか》われるようになります。

一方《いっぽう》、**ヨーロッパでは18世紀《せいき》になっても、雨傘《あまがさ》はありませんでした**。男《おとこ》は傘《かさ》を持《も》たず、雨《あめ》が降《ふ》ったら馬車《ばしゃ》を使《つか》うのが当《あ》たり前《まえ》だったのです。

ところが、それに疑問《ぎもん》を持《も》ったイギリス商人《しょうにん》のジョナス・ハンウェイが、たった一人《ひとり》で雨《あめ》の日《ひ》に傘《かさ》をさし始《はじ》めます。最初《さいしょ》は、笑《わら》われてばかりでしたが、ハンウェイは気《き》にせず、なんと30年《ねん》も雨傘《あまがさ》をさしつづけました。やがて人々《ひとびと》の意識《いしき》のほうが変《か》わり、雨《あめ》の日《ひ》に傘《かさ》をさすのは当《あ》たり前《まえ》のことになったのです。

人《ひと》と違《ちが》ってもいい

みんなと違《ちが》うことをすると、人《ひと》に馬鹿《ばか》にされることがありますが、本当《ほんとう》によい行動《こうどう》であれば、そのよさを理解《りかい》してくれる人《ひと》が現《あらわ》れます。人《ひと》の目《め》を気《き》にせず、よいと思《おも》ったことを続《つづ》けることも大切《たいせつ》ですね。

衝撃《しょうげき》の事実《じじつ》！

日本《にほん》の傘《かさ》の年間販売数《ねんかんはんばいすう》は約《やく》1億《おく》3000万本《まんぼん》で、所持数《しょじすう》は世界一《せかいいち》

つまようじは歯《は》ブラシからこけしになった

びっくり

わたしたちにてるね！
歯《は》ブラシだったの？
うん！

江《え》戸《ど》時《じ》代《だい》の人々《ひとびと》は、「ふさようじ」という木《き》でできた歯《は》ブラシを使《つか》っていました。片方《かたほう》はほうき状《じょう》、もう片方《かたほう》は剣《けん》のようにとがっていて、これで歯《は》の表《おもて》裏《うら》や間《あいだ》を磨《みが》いたのです。でも、大《おお》きくて歯《は》のすき間《ま》に入《い》れづらかったので、次第《しだい》に端《はし》（つま）の部分《ぶぶん》だけ、小《ちい》さく独立《どくりつ》したものが作《つく》られるように。これが、つまようじの原型《げんけい》です。

その後《ご》、1960年頃《ねんごろ》から機械《きかい》による大量生産《たいりょうせいさん》が始《はじ》まります。しかし当時《とうじ》は加工技術《かこうぎじゅつ》が低《ひく》く、**末端《まったん》を磨《みが》くと焦《こ》げて黒《くろ》くなってしまいました**。

そこで職人《しょくにん》たちは、末端《まったん》の下《した》に3本《ぼん》の溝《みぞ》をつけて、黒《くろ》い部分《ぶぶん》が「こけし」の頭《あたま》に見《み》えるようにしたのです。

意外《いがい》なカンケイ

イタリアでは両端《りょうたん》がとがったつまようじが「サムライ」という名《な》で売《う》られている

電話《でんわ》は病気《びょうき》がうつると言《い》われていた

日《に》本初《ほんはつ》の電話《でんわ》が開通《かいつう》したのは1890年《ねん》の明治時代《めいじじだい》。当時《とうじ》は東京《とうきょう》ー横浜間《よこはまかん》でしか通話《つうわ》ができませんでした。

離《はな》れた場所《ばしょ》にいる人《ひと》と会話《かいわ》ができることに人々《ひとびと》が感心《かんしん》する一方《いっぽう》で、「電話《でんわ》で話《はな》すと病気《びょうき》がうつる」というデマも広《ひろ》がりました。声《こえ》といっしょにウイルスも運《はこ》ぶと信《しん》じられ、電話《でんわ》が鳴《な》るとにげだす人《ひと》もいたのです。

笑《わら》い話《ばなし》ではありません。2020年《ねん》に、新型《しんがた》コロナウイルスが流行《りゅうこう》したときも、欧米《おうべい》では「5Gの電波《でんぱ》でコロナウイルスがばらまかれている」というデマが広《ひろ》がりました。

いかに技術《ぎじゅつ》が進歩《しんぽ》しても、人間《にんげん》の誤《あやま》ちは防《ふせ》げないのかもしれません。

もっと知《し》りたい！

当初《とうしょ》の電話加入者《でんわかにゅうしゃ》は東京《とうきょう》155世帯《せたい》、横浜《よこはま》42世帯《せたい》。通話料《つうわりょう》は5分《ふん》で2250円《えん》だった

世界初《せかいはつ》のアニメは黒板《こくばん》にチョークで描《か》いた

世《せ》界初《かいはつ》のアニメーションを見《み》たい人《ひと》は、ネットで「愉快《ゆかい》な百面相《ひゃくめんそう》」と検索《けんさく》してみてください。

約《やく》3分《ぷん》のこのアニメは、1906年《ねん》に、映画《えいが》プロデューサーのジェームズ・S・ブラックトンによって作《つく》られました。なんと、**1カットごとに黒板《こくばん》にチョークで手描《てが》き**しています。数《すう》cm描《か》いたら撮影《さつえい》、また数《すう》cm描《か》き足《た》したら撮影《さつえい》と、何枚《なんまい》もの写真《しゃしん》（コマ）をパラパラ漫画《まんが》のようにつなぎ合《あ》わせて動画《どうが》にしたのです。

その後《ご》、日本《にほん》でも1917年《ねん》に国《こく》内初《ないはつ》の短編《たんぺん》アニメが作《つく》られます。現《げん》在《ざい》、毎年《まいとし》300本《ぽん》以上《いじょう》もの作品《さくひん》を量《りょう》産《さん》する日本《にほん》のアニメ文化《ぶんか》の歴史《れきし》は、ここから始《はじ》まりました。

衝撃《しょうげき》の事実《じじつ》！

日本初《にほんはつ》のテレビアニメ『鉄腕《てつわん》アトム』はわずか20人《にん》のスタッフで作《つく》られた

世《せ》界《かい》初《はつ》のコンピュータは プールと同《おな》じサイズ

すごい

パソコンの正式《せいしき》な名前《なまえ》は「パーソナルコンピュータ」です。なぜわざわざ「パーソナル（個人《こじん》の）」と付《つ》けるのでしょうか。

それは、以前《いぜん》のコンピュータが、国《くに》や研究《けんきゅう》施設《しせつ》でないと扱《あつか》えなかったからです。1946年《ねん》に、アメリカの大学《だいがく》で開発《かいはつ》された世界初《せかいはつ》のコンピュータ「ENIAC」の大《おお》きさは170m^2。**なんと25mプール3～4コース分《ぶん》と同《おな》じくらい巨大《きょだい》**でした。

当時《とうじ》は、大《おお》きい物《もの》ほど優《すぐ》れているとされ、コンピュータは世界《せかい》に5台《だい》あれば十分《じゅうぶん》と考《かんが》えられていました。

ところが技術《ぎじゅつ》革新《かくしん》により、その後《ご》はどんどん小型化《こがたか》。一方《いっぽう》で、計算《けいさん》の速《はや》さは約《やく》20億倍《おくばい》も速《はや》くなりました。※

※ENIACとアップルのMacBookpro(M1Max)の演算能力《えんざんのうりょく》を比較《ひかく》

意外《いがい》なカンケイ

ENIACは第二次世界大戦下《だいにじせかいたいせんか》で敵《てき》の砲撃《ほうげき》の弾道《だんどう》を計算《けいさん》するために開発《かいはつ》された

夏《なつ》の**うなぎ**はおいしいわけじゃない

夏《なつ》になるとニュースで「土用《どよう》の丑《うし》の日《ひ》は、うなぎ屋《や》が客《きゃく》でにぎわいました」と報《ほう》じられます。

夏《なつ》の土用《どよう》は、立夏《りっか》の直前《ちょくぜん》の18日間《にちかん》。丑《うし》の日《ひ》は、十二支《じゅうにし》の丑《うし》（牛《うし》）が割《わ》り振《ふ》られた日《ひ》のことで、２０２５年《ねん》だと7月《がつ》19日《にち》と31日《にち》になります。

しかし、**うなぎの旬《しゅん》は10～12月《がつ》。じつは秋《あき》のほうがおいしい**のです。

それなのに夏《なつ》に食《た》べるようになったのは、江戸時代《えどじだい》の発明家《はつめいか》、平賀源《ひらがげん》内《ない》のアイデアとされています。当時《とうじ》、丑《うし》の日《ひ》に「う」のつくものを食《た》べると夏《なつ》バテしないとされたことに注目《ちゅうもく》。うなぎ屋《や》の壁《かべ》に「本日丑《ほんじつうし》の日《ひ》」と書《か》いた紙《かみ》をはったところ、夏《なつ》でも客《きゃく》が入《はい》るようになったようです。

衝撃《しょうげき》の事実《じじつ》！

2月《がつ》14日《か》にチョコを贈《おく》る風習《ふうしゅう》は、日本《にほん》の菓子店《かしてん》のキャンペーンから始《はじ》まった

昔《むかし》はご飯《はん》が給食《きゅうしょく》に出《で》なかった

なるほど

昭《しょう》和《わ》51年《ねん》までは、給食《きゅうしょく》でパンばかり食《た》べていました。戦争《せんそう》に負《ま》けたからです。第二次世界大戦《だいにじせかいたいせん》の敗戦直後《はいせんちょくご》、日本《にほん》はひどい食糧不足《しょくりょうぶそく》でした。アメリカや国連機関《こくれんきかん》から送《おく》られる支援物資《しえんぶっし》の配給《はいきゅう》で、人々《ひとびと》は飢《う》えをしのぎました。

一方《いっぽう》、アメリカでは、敗戦国《はいせんこく》に輸《ゆ》出《しゅつ》するために生産《せいさん》した小麦《こむぎ》が大量《たいりょう》にあまっていました。そこで**アメリカは、日本《にほん》が安《やす》く小麦《こむぎ》を輸入《ゆにゅう》できる協《きょう》定《てい》を日本《にほん》と結《むす》びます**。このため日本《にほん》で安《やす》く大量《たいりょう》のパンが作《つく》られ、給食《きゅうしょく》で食《た》べられるようになったのです。

その後《ご》、日本《にほん》の農家《のうか》は復活《ふっかつ》。給食《きゅうしょく》にはパンだけでなく、ご飯《はん》も出《だ》されるようになりました。

もっと知《し》りたい!

不人気《ふにんき》だったコッペパンに代《か》わり、小麦《こむぎ》を消費《しょうひ》するためソフト麺《めん》が開発《かいはつ》された

リニアモーターカーは新幹線《しんかんせん》ができる前《まえ》から開発《かいはつ》されていた

リニアモーターカーは、磁石《じしゃく》の力《ちから》で宙《ちゅう》に浮《う》き、時速《じそく》５００kmの超《ちょう》スピードで走《はし》る乗《の》り物《もの》です。

２０３４年《ねん》以降《いこう》に、一部《いちぶ》区間《くかん》が開業《かいぎょう》予定《よてい》で、実現《じつげん》すれば、東京《とうきょう》ー大阪《おおさか》間《かん》をわずか67分《ふん》で移動《いどう》できます。

リニアの開発《かいはつ》が始《はじ》まったのは１９６２年《ねん》で、東海道新幹線《とうかいどうしんかんせん》が開業《かいぎょう》する２年前《ねんまえ》。新幹線《しんかんせん》が５年《ねん》で開業《かいぎょう》できたのに対《たい》し、リニアはなんと開発《かいはつ》に70年《ねん》以上《いじょう》かかっています。

現在《げんざい》の新幹線《しんかんせん》の最高速度《さいこうそくど》は時速《じそく》３００kmですが、リニアは１９７９年《ねん》の実験《じっけん》で、すでに時速《じそく》５００kmを超《こ》えることに成功《せいこう》していました。

移動時間《いどうじかん》が短《みじか》くなれば、都市部《としぶ》と地方《ちほう》を行《い》き来《き》する人《ひと》や観光客《かんこうきゃく》の数《かず》が

増《ふ》えます。すると地方《ちほう》にホテルや店《みせ》が増《ふ》え、はたらく人《ひと》の数《かず》も増《ふ》えます。そしてお金《かね》の流《なが》れ（経済《けいざい》）が活発《かっぱつ》になり、人《ひと》のくらしがより豊《ゆた》かになると考《かんが》えられています。

ちなみに、山梨県《やまなしけん》にある見学《けんがく》センターでは、リニアの走行試験《そうこうしけん》をだれでも見学《けんがく》できます。興味《きょうみ》のある人《ひと》は要《よう》チェックです。

すごいぞ、リニア!

リニアモーターカーは磁石《じしゃく》の力《ちから》により、レールと接《せっ》することなく宙《ちゅう》に浮《う》いて走《はし》ります。レールの上《うえ》を車輪《しゃりん》が回《まわ》る今《いま》の新幹線《しんかんせん》とは違《ちが》い、とても速《はや》いスピードを出《だ》せます。電車《でんしゃ》の枠《わく》を超《こ》えた発想《はっそう》の転換《てんかん》ですね。

衝撃《しょうげき》の事実《じじつ》!

東海道新幹線《とうかいどうしんかんせん》は1年間《ねんかん》に、日本《にほん》の総人口《そうじんこう》よりも多《おお》い約《やく》1．7億人《おくにん》を輸送《ゆそう》する

伝説《でんせつ》の政治家《せいじか》

自分《じぶん》も政権《せいけん》もめちゃくちゃ長《なが》生《い》きした

徳《とく》川《がわ》家《いえ》康《やす》さん
（1542～1616年《ねん》）

1603年《ねん》に征夷大将軍《せいいたいしょうぐん》となり、江戸《えど》幕府《ばくふ》を開《ひら》いた。街道《かいどう》や水路《すいろ》の整備《せいび》、海《うみ》の埋《う》め立《た》て工事《こうじ》を進《すす》め、江戸《えど》(今《いま》の東京《とうきょう》)を100万人《まんにん》の都市《とし》に発展《はってん》させた。

家康《いえやす》は新《あたら》しいもの好《ず》きでもあった。当時《とうじ》は珍《めずら》しかった鯛《たい》の天《てん》ぷらにハマって、一《いち》度《ど》にたくさん食《た》べすぎてお腹《なか》をこわしたこともあるよ。

ぜいたくが大嫌《だいきら》いだった。風《かぜ》に飛《と》ばされた懐紙《かいし》（ティッシュ）を追《お》いかけて家臣《かしん》に笑《わら》われると「わしはこうして天下《てんか》を取《と》った!」と怒《おこ》ったんだって。

家《いえ》康《やす》が将軍《しょうぐん》だったのは、最初《さいしょ》の2年間《ねんかん》だけ。三男《さんなん》の秀忠《ひでただ》に任《まか》せると、駿府城《すんぶじょう》に移《うつ》り住《す》み、豊臣勢《とよとみぜい》をほろぼして天下統一《てんかとういつ》を果《は》たしたんだ。

こうして政権《せいけん》を自分《じぶん》の子《こ》に継《つ》がせ、さらに大名《だいみょう》の行動《こうどう》を取《と》り締《し》まる「武《ぶ》家諸法度《けしょはっと》」を作《つく》ったことで、江戸幕《えどばく》府《ふ》は約《やく》260年《ねん》も続《つづ》いたんだよ。

しかも家康《いえやす》は、スーパー健康《けんこう》オタクで、平均寿命《へいきんじゅみょう》が40歳《さい》だった当時《とうじ》に75歳《さい》まで生《い》きた。胃腸《いちょう》を守《まも》るために夏《なつ》でも温《あたた》かいうどんを食《た》べ、自分《じぶん》で調合《ちょうごう》した薬《くすり》を飲《の》んでいたんだって。「長寿《ちょうじゅ》こそ勝《か》ち残《のこ》りの源《みなもと》である」という言葉《ことば》も残《のこ》しているよ。

じつは「ご先祖《せんぞ》さま」なんです！

今《いま》、活躍《かつやく》している道具《どうぐ》や乗《の》り物《もの》の昔《むかし》の姿《すがた》を調《しら》べてみよう！

飲《の》み物《もの》の温度《おんど》を保《たも》って運《はこ》べます！

水筒《すいとう》のご先祖《せんぞ》さまは……

ヒョウタン

中《なか》をくりぬいて、かわかしてから使《つか》っていたんじゃ

パッと明《あか》るくなるし、やけどの心配《しんぱい》もありません！

LED電球《でんきゅう》のご先祖《せんぞ》さまは……

あんどん

ワシの体《からだ》は和紙《わし》。この中《なか》で油《あぶら》やろうそくを燃《も》やすんじゃよ

様々《さまざま》な火災《かさい》に対応《たいおう》するため、はしご車《しゃ》やヘリコプターもいます！

消防車《しょうぼうしゃ》のご先祖《せんぞ》さまは……

馬《うま》引《ひ》き蒸気《じょうき》ポンプ

馬《うま》ががんばって、人《ひと》や水《みず》を消《け》すための機器《きき》を運《はこ》んでいたんじゃ

クイズ

アイロンのご先祖《せんぞ》さまは？

①火《ひ》のし

②火《ひ》ばち

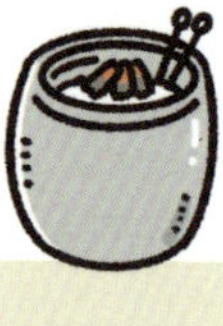

③鉄《てつ》びん

クイズの答《こた》え：①

第《だい》3章《しょう》

知《し》れば知《し》るほど好《す》きになる日《に》本《ほん》のひみつ

昔《むかし》、日本《にほん》は島《しま》じゃなかった

じつは地面《じめん》は動《うご》いています。たとえば、ハワイは1年《ねん》に6cmずつ日本《にほん》に近《ちか》づいているのです。

海《うみ》に浮《う》かんで流《なが》されているからではありません。ハワイも日本《にほん》も島《しま》ですが海底《かいてい》とつながっています。海底《かいてい》からそびえ立《た》った巨大《きょだい》な山脈《さんみゃく》の水面《すいめん》から飛《と》び出《だ》した部分《ぶぶん》。それが島《しま》です。

地面《じめん》が動《うご》くのは、海底《かいてい》が動《うご》いているからです。地球《ちきゅう》の表面《ひょうめん》は、プレートという超巨大《ちょうきょだい》な岩《いわ》でおおわれています。プレートはぜんぶで14～15枚《まい》あり、これがパズルのように組《く》み合《あ》わさって、まわりのプレートと押《お》し合《あ》いへし合《あ》いしているのです。

日本《にほん》が今《いま》の形《かたち》になったのは、約《やく》60万年前《まんねんまえ》。**大昔《おおむかし》は島国《しまぐに》ではなく、まだ**

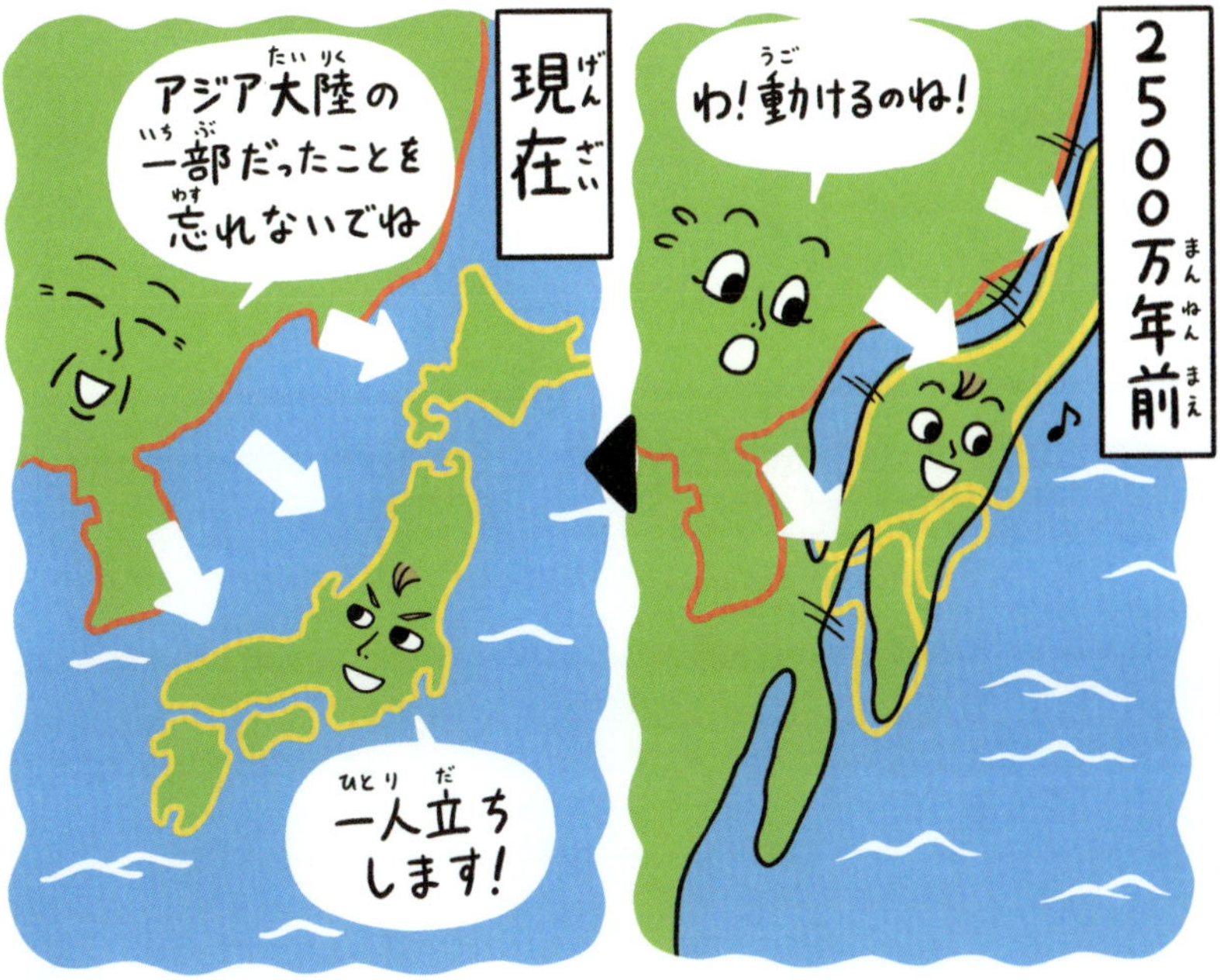

アジア大陸《たいりく》の一部《いちぶ》でした。

ところが約《やく》2500万年前《まんねんまえ》に、複《ふく》数《すう》のプレートが移動《いどう》した影響《えいきょう》で、大《だい》地《ち》に割《わ》れ目《め》ができます。割《わ》れ目《め》は少《すこ》しずつ長《なが》く、深《ふか》くなっていき、やがてそこに海水《かいすい》が流《なが》れこみます。

こうして約《やく》2000万年前《まんねんまえ》に、日《に》本《ほん》は大陸《たいりく》から切《き》り離《はな》され、四方《しほう》を海《うみ》に囲《かこ》まれた島国《しまぐに》となったのです。

大陸《たいりく》は移動《いどう》する

大昔《おおむかし》、大陸《たいりく》はすべてまとまって隣接《りんせつ》した位置《いち》にあったと考《かんが》えられています。ウェゲナーの「大陸移動説《たいりくいどうせつ》」です。発表当時《はっぴょうとうじ》は信《しん》じられていませんでしたが、現在《げんざい》では、大陸《たいりく》が動《うご》いていることが分《わ》かっています。

もっと知《し》りたい！

最初《さいしょ》の日本人《にほんじん》は3万年前《まんねんまえ》に大陸《たいりく》から歩《ある》いてきたのではなく、船《ふね》でやってきた

日本《にほん》地図《ちず》に載《の》っていない島《しま》がある

ここで問題《もんだい》です。日本《にほん》にある市《し》区《く》町村《ちょうそん》と島《しま》の数《かず》では、どちらのほうが多《おお》いでしょうか？

正解《せいかい》は、島《しま》。市《し》区《く》町村《ちょうそん》が1883に対《たい》し、島《しま》はなんと1万《まん》4125。しかも、ここに数《かぞ》えられていない幻《まぼろし》の島《しま》だってあります。沖縄県《おきなわけん》・西表島《いりおもてじま》の北《きた》にある「バラス島《とう》」です。1km^2ほどの無人島《むじんとう》ですが、日本《にほん》地図《ちず》には載《の》っていません。

国際連合《こくさいれんごう》の条約《じょうやく》で、島《しま》は「自然《しぜん》にできた陸地《りくち》で、水《みず》に囲《かこ》まれ、高潮時《たかしおじ》でも水面上《すいめんじょう》にあるもの」と定義《ていぎ》されます。でもバラス島《とう》は満潮時《まんちょうじ》に沈《しず》みます。さらに陸地《りくち》が砂《すな》ではなくサンゴの欠片《かけら》でできているため、正式《せいしき》には島《しま》と認《みと》められていないのです。

衝撃《しょうげき》の事実《じじつ》！

日本《にほん》にある島《しま》の約《やく》97%（1万《まん》3705島《とう》）は、人《ひと》が住《す》んでいない無人島《むじんとう》

日本《にほん》には今《いま》にも爆発《ばくはつ》しそうな火山《かざん》が111もある

明《あ》日《す》、富士山《ふじさん》が爆発《ばくはつ》しても、全《まった》く不思議《ふしぎ》ではありません。

富士山《ふじさん》は、これまでに約《やく》180回《かい》も噴火《ふんか》してきました。最後《さいご》に噴火《ふんか》したのは1707年《ねん》。平均《へいきん》すると300年《ねん》に1回《かい》は噴火《ふんか》しているので、いつ爆発《ばくはつ》してもおかしくないのです。

富士山《ふじさん》だけでなく、日本《にほん》には噴火《ふんか》するおそれのある「活火山《かっかざん》」が111もあります。**日本《にほん》は世界《せかい》の活火山《かっかざん》の7%がある、火山大国《かざんたいこく》**なのです。

たとえば、鹿児島《かごしま》の桜島《さくらじま》はひんぱんに噴火《ふんか》し、火山灰《かざんばい》がよく降《ふ》っています。1792年《ねん》に長崎《ながさき》の雲仙岳《うんぜんだけ》が噴火《ふんか》したときは、約《やく》1万《まん》5000人《にん》が亡《な》くなりました。今《いま》のところ噴火《ふんか》を止《と》める方法《ほうほう》はありません。

衝撃《しょうげき》の事実《じじつ》！

山頂《さんちょう》から噴火《ふんか》するとは限《かぎ》らない。富士山《ふじさん》には70を超《こ》える火口《かこう》が存在《そんざい》する

＋もっと知《し》りたい

日《に》本《ほん》は山《やま》の国《くに》

日《に》本《ほん》の面《めん》積《せき》のうち、なんと75%が山《やま》です。日《に》本《ほん》で人《ひと》が住《す》める場《ば》所《しょ》は、総《そう》面《めん》積《せき》の3割《わり》しかなく、多《おお》くの人《ひと》が山《やま》の麓《ふもと》や平《へい》野《や》に集《あつ》まってくらしています。それなのに意《い》外《がい》に知《し》られていない山《やま》の事《じ》実《じつ》も、たくさんあります。

山《やま》は自《じ》分《ぶん》で作《つく》れる

じつは山《やま》の定《てい》義《ぎ》はありません。周《まわ》りより高《たか》くて、国《こく》土《ど》地《ち》理《り》院《いん》が「これは山《やま》だ」と認《みと》めれば、山《やま》になります。大《おお》阪《さか》の天《てん》保《ぽう》山《ざん》や仙《せん》台《だい》の日《ひ》和《より》山《やま》など、人《ひと》が土《つち》を盛《も》ってできた山《やま》もあります。

日《に》本《ほん》一《いち》低《ひく》い山《やま》は標《ひょう》高《こう》0m

標《ひょう》高《こう》とは、海《うみ》の水《すい》面《めん》からの高《たか》さのこと。秋《あき》田《た》県《けん》にある大《おお》潟《がた》富《ふ》士《じ》がある大《おお》潟《がた》村《むら》は、湖《みずうみ》を干《かん》拓《たく》してできたため、海《うみ》より低《ひく》い位《い》置《ち》にあります。そのため大《おお》潟《がた》富《ふ》士《じ》の頂《ちょう》上《じょう》が、ちょうど海《かい》面《めん》と同《おな》じ高《たか》さになるのです。

昔《むかし》は花粉症《かふんしょう》の人《ひと》はいなかった

日本《にほん》の山《やま》に生《は》えている木《き》の4割《わり》は、人《ひと》が植《う》えたものです。特《とく》に戦後《せんご》は、町《まち》の再建《さいけん》で木材《もくざい》が必要《ひつよう》になり、大量《たいりょう》のスギが植《う》えられました。しかし海外《かいがい》から安《やす》い木材《もくざい》が大量《たいりょう》に輸入《ゆにゅう》されるようになると、スギは切《き》らずに放置《ほうち》されるように。その結果《けっか》、大量《たいりょう》のスギ花粉《かふん》が舞《ま》うようになり、花粉症《かふんしょう》になる人《ひと》が増《ふ》えたのです。

「おにぎり山《やま》」という山《やま》がある

山《やま》の名前《なまえ》は、山《やま》の近《ちか》くでくらす人々《ひとびと》が、古《ふる》くからよんでいた名前《なまえ》で今《いま》もよばれています。「おにぎり山《やま》」は大分県《おおいたけん》にある山《やま》。ほかに、手《て》ぬぐい山《やま》、電柱山《でんちゅうやま》、貧乏山《びんぼうやま》（北海道《ほっかいどう》）、日本国《にほんこく》（山形県《やまがたけん》・新潟県《にいがたけん》）、奇妙山《きみょうざん》（長野《ながの》県《けん》）なんていう山《やま》もあります。

日《に》本《ほん》の5分《ぶん》の1は北《ほっ》海《かい》道《どう》

オランダ、スイス、ベルギー、デンマーク。これ全部《ぜんぶ》、北海《ほっかい》道《どう》より面積《めんせき》が小《ちい》さい国《くに》です。

北海道《ほっかいどう》は8万《まん》3424㎢。日本《にほん》の面積《めんせき》の約《やく》5分《ぶん》の1を占《し》め、**東京《とうきょう》から大阪《おおさか》がすっぽり入《はい》るほど広《ひろ》い**のです。

一方《いっぽう》、人口密度《じんこうみつど》は全国最下位《ぜんこくさいかい》。広《ひろ》さの割《わり》に住人《じゅうにん》の数《かず》は多《おお》くありません。

北海道《ほっかいどう》には、元々《もともと》、少数民族《しょうすうみんぞく》であるアイヌの人々《ひとびと》がくらしていました。明治《めいじ》2年《ねん》から、政府《せいふ》による開拓《かいたく》が進《すす》められ、本州《ほんしゅう》から人々《ひとびと》が移《うつ》り住《す》むようになります。しかし、きびしい寒《さむ》さと食糧不足《しょくりょうぶそく》に苦《くる》しめられました。

北海道《ほっかいどう》の人口《じんこう》のピークは約《やく》570万人《まんにん》ですが、そこまで増《ふ》えるのに約《やく》130年《ねん》もかかっているのです。

意外《いがい》なカンケイ

開拓団《かいたくだん》が寒《さむ》さに強《つよ》く育《そだ》ちやすいジャガイモを植《う》え、北海道《ほっかいどう》の名産品《めいさんひん》になった

世界《せかい》一《いち》雪《ゆき》の降《ふ》る都市《とし》は 青森市《あおもりし》

2022年《ねん》、青森市《あおもりし》の年間降雪《ねんかんこうせつ》量《りょう》は6mを記録《きろく》。2階建《かいだ》てのビルがすっぽり埋《う》まるくらいの大量《たいりょう》の雪《ゆき》が降《ふ》ったことになります。

アメリカの気象情報会社《きしょうじょうほうがいしゃ》の調査《ちょうさ》によると、世界一雪《せかいいちゆき》の降《ふ》る量《りょう》が多《おお》い都《と》市《し》は青森市《あおもりし》、2位《い》は札幌市《さっぽろし》、3位《い》は富山市《とやまし》。**なんと、世界《せかい》トップ3を日《に》本《ほん》の都市《とし》が占めているのです。**

日本《にほん》の国土《こくど》の半分《はんぶん》は、積雪《せきせつ》50cm以《い》上《じょう》の日《ひ》が年《ねん》100日《にち》以上《いじょう》ある豪雪地《ごうせつち》帯《たい》。豪雪地帯《ごうせつちたい》は日本海側《にほんかいがわ》に集中《しゅうちゅう》していますが、これは日本列島《にっぽんれっとう》の中央《ちゅうおう》に高《たか》い山脈《さんみゃく》があるためです。アジア大《たい》陸《りく》から吹《ふ》く季節風《きせつふう》が、日本海《にほんかい》で大量《たいりょう》の水蒸気《すいじょうき》をふくみ、日本《にほん》の山《やま》にぶつかることで大雪《おおゆき》になります。

もっと知《し》りたい！

1日《にち》の降雪量《こうせつりょう》の歴代《れきだい》1位《い》は滋賀県《しがけん》の伊吹山《いぶきやま》。1927年《ねん》に11m82cmを記録《きろく》

岩手《いわて》では雪《ゆき》の中《なか》で作《つく》る納豆《なっとう》がある

納《なっ》豆《とう》のネバネバの正体《しょうたい》、それは菌《きん》です。湿《しめ》らせた大豆《だいず》に納豆《なっとう》菌《きん》をふりかけると、大量《たいりょう》に増《ふ》えて、あの独特《どくとく》のねばりが生《う》まれます。

菌《きん》を増《ふ》やすのに大切《たいせつ》なのが温度《おんど》です。理想《りそう》は40℃前後《ぜんご》。ところが岩手《いわて》には、雪《ゆき》の中《なか》で寝《ね》かせて作《つく》る「雪納《ゆきなっ》豆《とう》」という伝統料理《でんとうりょうり》があります。

その理由《りゆう》は、外《そと》より暖《あたた》かいから。冬《ふゆ》の岩手県《いわてけん》は、氷点下《ひょうてんか》の日《ひ》のほうが多《おお》く、納豆《なっとう》を外《そと》で発酵《はっこう》させると凍《こお》ってしまいます。その点《てん》、**雪《ゆき》の中《なか》は0℃で安定《あんてい》していて暖《あたた》かい**のです。また、天然《てんねん》の冷蔵庫《れいぞうこ》にもなるため、長《なが》く保存《ほぞん》できるという利点《りてん》もあります。

雪納豆《ゆきなっとう》は、きびしい自然《しぜん》を逆手《さかて》に取《と》って生《う》まれたアイデア料理《りょうり》です。

衝撃《しょうげき》の事実《じじつ》！

全国納豆協同組合連合会《ぜんこくなっとうきょうどうくみあいれんごうかい》によると、納豆《なっとう》が最《もっと》もおいしくなる混《ま》ぜ回数《かいすう》は400回《かい》

世《せ》界《かい》一《いち》死《し》者《しゃ》数《すう》が多《おお》い山《やま》は群《ぐん》馬《ま》にある

世《せ》界《かい》一《いち》高《たか》い山《やま》のエベレストでは、これまで300人余《にんあま》りの登山《とざん》家《か》が命《いのち》を落《お》としています。たとえば、あなたがいきなりエベレストの頂上《ちょうじょう》にワープしたら2分《ふん》で失神《しっしん》します。それほど酸素《さんそ》が薄《うす》いのです。

ところがエベレストの倍以上《ばいいじょう》の死《し》者《しゃ》を出《だ》している山《やま》が日本《にほん》にあります。群馬《ぐんま》と新潟《にいがた》の県境《けんざかい》にある谷川岳《たにがわだけ》です。

標高《ひょうこう》は1977mと、登山《とざん》の初心《しょしん》者《しゃ》でも登《のぼ》れてしまうレベル。ただし、裏《うら》の顔《かお》があります。**東《ひがし》の群馬側《ぐんまがわ》には**、**高《たか》さ約《やく》1000mの絶壁《ぜっぺき》**があるのです。戦後《せんご》の登山《とざん》ブームで、多《おお》くの人《ひと》がこの崖《がけ》に挑《いど》み、落命《らくめい》。その結果《けっか》、世界一死者数《せかいいちししゃすう》の多《おお》い「魔《ま》の山《やま》」とよばれるようになりました。

衝撃《しょうげき》の事実《じじつ》！

日本《にほん》には1万《まん》7000近《ちか》い山《やま》がある。均等割《きんとうわり》すると1つの都道府県《とどうふけん》あたり350以上《いじょう》

埼玉《さいたま》の地下《ちか》には巨大《きょだい》な神殿《しんでん》がある

その名《な》を「首都圏外郭放水路《しゅとけんがいかくほうすいろ》」と言《い》います。放水路《ほうすいろ》とは、川《かわ》の水《みず》を流《なが》すトンネルのこと。埼玉県《さいたまけん》の中川《なかがわ》、倉松川《くらまつかわ》など、複数《ふくすう》の川《かわ》の地下《ちか》を6・3kmにわたって通《とお》っています。豪雨《ごうう》で川《かわ》があふれそうになると、このトンネルに水《みず》を流《なが》して、洪水被害《こうずいひがい》を防《ふせ》ぐのです。

放水路《ほうすいろ》に流《なが》れこんだ水《みず》は、最後《さいご》は江戸川《えどがわ》に流《なが》されますが、その手前《てまえ》には長《なが》さ177m、幅《はば》78mの巨大《きょだい》な水槽《すいそう》があります。**59本《ほん》の石柱《せきちゅう》が天井《てんじょう》を支《ささ》えている様子《ようす》は、まるで地下神殿《ちかしんでん》**。

雨《あめ》の量《りょう》が多《おお》い日本《にほん》では、江戸時代《えどじだい》、水害《すいがい》で多《おお》くの家《いえ》が流《なが》されました。外郭放水路《がいかくほうすいろ》は、人々《ひとびと》の暮《く》らしを洪水《こうずい》から守《まも》る、現代《げんだい》の守《まも》り神《がみ》なのです。

もっと知《し》りたい！

放水路《ほうすいろ》は、予約《よやく》すれば見学可能《けんがくかのう》。水槽《すいそう》の中《なか》を歩《ある》けるガイドツアーもある

世界一《せかいいち》の駅《えき》は 新宿《しんじゅく》

東《とう》京《きょう》の新宿駅《しんじゅくえき》は、「世界一混雑《せかいいちこんざつ》する駅《えき》」としてギネス記録《きろく》に認定《にんてい》されています。乗客数《じょうきゃくすう》は1日約《にちやく》270万人《まんにん》。さらに**2位《い》は渋谷駅《しぶやえき》、3位《い》は池袋駅《いけぶくろえき》と、トップ3を東京《とうきょう》が占《し》めています**。

これらの駅《えき》は放射線状《ほうしゃせんじょう》に鉄道路線《てつどうろせん》網《もう》があり、その起点《きてん》になっています。また鉄道《てつどう》がいくつも交差《こうさ》しているため、乗《の》り換《か》え客《きゃく》が多《おお》くなるのです。

東京《とうきょう》は、世界一人口《せかいいちじんこう》の多《おお》い都市《とし》です。人《ひと》が多《おお》いとお店《みせ》や会社《かいしゃ》の数《かず》も増《ふ》え、仕事《しごと》の賃金《ちんぎん》も上《あ》がります。

一方《いっぽう》で、狭《せま》い土地《とち》に多《おお》くの人《ひと》が住《す》むため、土地《とち》や家《いえ》の値段《ねだん》も上《あ》がります。家賃《やちん》もワンルームで約《やく》7万円《まんえん》と日本一《にほんいち》です。

衝撃《しょうげき》の事実《じじつ》！

東京《とうきょう》の人口《じんこう》は1410万人《まんにん》※。日本《にほん》で前年《ぜんねん》から人口《じんこう》が増《ふ》えたのは東京《とうきょう》だけ

※2024年《ねん》

お雑煮《ぞうに》は100種類《しゅるい》以上《いじょう》ある

当《あ》ててみせましょう。「お雑《ぞう》煮《に》」と聞《き》いて、丸《まる》い餅《もち》を思《おも》い浮《う》かべた人《ひと》は、きっと西日本出身《にしにほんしゅっしん》。さらに小豆《あずき》が入《はい》っている人《ひと》は、山陰《さんいん》地方《ちほう》か香川県《かがわけん》の人《ひと》ではないですか？

お雑煮《ぞうに》は、100種類《しゅるい》以上《いじょう》ありま す。たとえば餅《もち》の形《かたち》は、東日本《ひがしにほん》は四《し》角《かく》、西日本《にしにほん》は丸《まる》がほとんど。汁《しる》は、関西地方《かんさいちほう》と香川《かがわ》は味噌《みそ》、ほかはすまし汁《じる》。また、メインの具《ぐ》も、鶏肉《とりにく》、あわび、海老《えび》、鮭《さけ》、山菜《さんさい》と、**地域《ちいき》ごとに特色《とくしょく》があり、千差万別《せんさばんべつ》**なのです。

一方《いっぽう》で、どの地域《ちいき》もかならず餅《もち》が入《はい》っているのは、なぜでしょうか。

室町時代《むろまちじだい》、お雑煮《ぞうに》は祝《いわ》い事《ごと》に出《だ》されるハレの料理《りょうり》として、正月《しょうがつ》以外《いがい》にも食《た》べられていました。正月《しょうがつ》に食《た》べ

られるようになったのは江戸時代《えどじだい》から。元々《もともと》は公家《くげ》や武家《ぶけ》しか食《た》べない高級料理《こうきゅうりょうり》でしたが、参勤交代《さんきんこうたい》にともない全国各地《ぜんこくかくち》に広《ひろ》まっていきます。

当初《とうしょ》は餅《もち》ではなく、里芋《さといも》などが使《つか》われていました。しかしその後《ご》、正月《しょうがつ》に歳神様《としがみさま》のご利益《りやく》を得《え》るために餅《もち》を食《た》べる風習《ふうしゅう》と結《むす》びつき、現在《げんざい》の形《かたち》になったとされています。

地域《ちいき》でけっこう違《ちが》う！

日本国内《にほんこくない》には多《おお》くの郷土料理《きょうどりょうり》があり、その土地《とち》の文化《ぶんか》や伝統《でんとう》が生《い》かされています。また、地域独自《ちいきどくじ》の言葉《ことば》である方言《ほうげん》も、地域《ちいき》の文化《ぶんか》を表《あらわ》しています。同《おな》じ県《けん》でも地域《ちいき》によって違《ちが》う言葉《ことば》を話《はな》すこともあります。

もっと知《し》りたい！

沖縄県《おきなわけん》はお雑煮《ぞうに》文化《ぶんか》がなく、正月《しょうがつ》は「中身汁《なかみじる》」という豚《ぶた》のモツ煮《に》を食《しょく》す

富士山《ふじさん》の頂上《ちょうじょう》は何県《なにけん》でもない

ふしぎ

富《ふ》士山《じさん》のある県《けん》と言《い》えば、静岡《しずおか》か山梨《やまなし》を思《おも》い浮《う》かべる人《ひと》が多《おお》いのではないでしょうか。

ところが山頂《さんちょう》は、どちらの県《けん》のものでもありません。「富士山本宮浅間大社《ふじさんほんぐうせんげんたいしゃ》」の私有地《しゆうち》。つまり、富士山《ふじさん》頂《ちょう》は神社《じんじゃ》が管理《かんり》しているのです。

浅間大社《せんげんたいしゃ》は、富士山《ふじさん》の噴火《ふんか》を鎮《しず》めるために、第《だい》11代垂仁天皇《だいすいにんてんのう》によって創建《そうけん》。江戸時代《えどじだい》に幕府《ばくふ》から8合目《ごうめ》以《い》上《じょう》の支配権《しはいけん》が認《みと》められました。

その後《ご》、明治時代《めいじじだい》になると廃藩置県《はいはんちけん》により静岡《しずおか》と山梨《やまなし》が誕生《たんじょう》。その際《さい》、政府《せいふ》が富士山頂《ふじさんちょう》の県境《けんざかい》を定《さだ》めようとします。ところが静岡《しずおか》と山梨《やまなし》の両県《りょうけん》が山頂《さんちょう》は自県《じけん》のものとゆずらず、以《い》来《らい》、ずっとあやふやなままなのです。

衝撃《しょうげき》の事実《じじつ》！

日本《にほん》には、富士山頂《ふじさんちょう》のほかに、県境《けんざかい》が定《さだ》まっていない場所《ばしょ》が13か所《しょ》ある

関東《かんとう》と関西《かんさい》は関所《せきしょ》で分《わ》けられた

びっくり

きつねそばは、たぬきそば。マックは、マクド。シャベルは、スコップ。関東《かんとう》と関西《かんさい》では、同《おな》じ物《もの》でも名前《なまえ》やよび方《かた》が違《ちが》います。

ところで、なぜ東《ひがし》と西《にし》の前《まえ》に「関《かん》」がつくのでしょうか。理由《りゆう》は、飛鳥《あすか》時代《じだい》にできた「関所《せきしょ》」にあります。

600年代《ねんだい》の日本《にほん》は、天皇《てんのう》による国《くに》づくりが進《すす》められた時代《じだい》。いまの奈良《なら》に都《みやこ》を置《お》き、都市《とし》や法律《ほうりつ》、税制《ぜいせい》の整備《せいび》が行《おこな》われました。一方《いっぽう》で、天《てん》皇《のう》に反乱《はんらん》する豪族《ごうぞく》たちもいました。

そこで天武《てんむ》天皇《てんのう》は、都《みやこ》を守《まも》るために、**琵琶湖《びわこ》の北《きた》から三重《みえ》の鈴鹿《すずか》にかけて、3つの関所《せきしょ》を設《もう》けます**。

その後《ご》、関所《せきしょ》より東側《ひがしがわ》を関東《かんとう》、西《にし》側《がわ》を関西《かんさい》とよぶようになったのです。

もっと知《し》りたい！

江戸《えど》時代《じだい》には、箱根《はこね》の関所《せきしょ》から東《ひがし》が、関東《かんとう》と言《い》われるようになった

富山《とやま》の黒部《くろべ》ダムは関西《かんさい》を救《すく》うためにつくられた

すごい

ダムは洪水《こうずい》を防《ふせ》ぎ、農業《のうぎょう》や工業《こうぎょう》で使《つか》う水《みず》をためるためにつくられてきました。ただ黒部《くろべ》ダムは、3000m級《きゅう》の山《やま》が連《つら》なる富山《とやま》の北《きた》アルプスにあります。ダムの高《たか》さは181m。建設工事《けんせつこうじ》は過酷《かこく》で、雪崩《なだれ》などにより171人《にん》の死者《ししゃ》を出《だ》しました。なぜこんな大変《たいへん》な場所《ばしょ》にダムをつくったのでしょうか。

戦後《せんご》、町《まち》が急速《きゅうそく》に再建《さいけん》される中《なか》で、**関西地方《かんさいちほう》はひどい電力不足《でんりょくぶそく》におちいります。黒部《くろべ》ダムは、この電力《でんりょく》をまかなうためにつくられました。**水力《すいりょく》発電《はつでん》は、水《みず》が高所《こうしょ》から低所《ていしょ》に落《お》ちる力《ちから》を利用《りよう》します。この落差《らくさ》が大《おお》きいほど発電量《はつでんりょう》も増《ふ》えるため、険《けわ》しい山《やま》の上《うえ》にダムがつくられたのです。

衝撃《しょうげき》の事実《じじつ》！

ダムは古事記《こじき》にも登場《とうじょう》。日本最古《にほんさいこ》のダムは飛鳥時代《あすかじだい》につくられた狭山池《さやまいけ》

世界最古《せかいさいこ》の会社《かいしゃ》は大阪《おおさか》にある

すごい

みんな一〇〇〇歳《さい》をこえてしまったのぉ

日本《にほん》には、創業《そうぎょう》1000年《ねん》を超《こ》える会社《かいしゃ》が少《すく》なくとも35社《しゃ》あります。なかでも世界最古《せかいさいこ》の歴史《れきし》を持《も》つのが、大阪《おおさか》の金剛組《こんごうぐみ》です。**創業年《そうぎょうねん》は、なんと578年《ねん》**。当時《とうじ》、厩戸王《うまやどのおう》（聖徳太子《しょうとくたいし》）は、寺院《じいん》を建《た》てるために、朝鮮半島《ちょうせんはんとう》の百済《くだら》から3人《にん》の工匠《こうしょう》をまねきます。その一人《ひとり》であった金剛重光《こんごうしげみつ》が、宮大工《みやだいく》の集団《しゅうだん》をつくり、これが金剛組《こんごうぐみ》となりました。

ほかにも、京都《きょうと》には587年《ねん》に創業《そうぎょう》した池坊華道会《いけのぼうかどうかい》が、山梨《やまなし》には705年《ねん》に創業《そうぎょう》し「世界最古《せかいさいこ》の宿《やど》」のギネス記録《きろく》をもつ西山温泉慶雲館《にしやまおんせんけいうんかん》があります。**世界《せかい》の創業《そうぎょう》200年《ねん》を超《こ》える老舗《しにせ》の6割以上《わりいじょう》は日本《にほん》にある**ほど、長生《ながい》きな会社《かいしゃ》が多《おお》いのです。

衝撃《しょうげき》の事実《じじつ》！

木造建築《もくぞうけんちく》の法隆寺《ほうりゅうじ》、和歌集《わかしゅう》の万葉集《まんようしゅう》、長編小説《ちょうへんしょうせつ》の源氏物語《げんじものがたり》も世界最古《せかいさいこ》

バウムクーヘンが日本《にほん》で初《はじ》めて売《う》られたのは広島《ひろしま》の原爆《げんばく》ドーム

戦《せん》争《そう》と核兵器《かくへいき》の悲惨《ひさん》さを後世《こうせい》に伝《つた》えるモニュメントとして、広島《ひろしま》に残《のこ》された原爆《げんばく》ドーム。

元《もと》の名前《なまえ》は、大正《たいしょう》4年《ねん》に建《た》てられた「広島県物産陳列館《ひろしまけんぶっさんちんれつかん》」と言《い》います。**戦争《せんそう》で破壊《はかい》される前《まえ》は、県《けん》の特産品《とくさんひん》を売《う》ったり、美術展《びじゅつてん》などを催《もよお》したりする文化交流施設《ぶんかこうりゅうしせつ》だった**のです。

大正《たいしょう》8年《ねん》には、ドイツの工芸品《こうげいひん》を紹介《しょうかい》する展示会《てんじかい》を開催《かいさい》。そこで、日《に》本《ほん》で初《はじ》めてバウムクーヘンが紹介《しょうかい》されたという記録《きろく》も残《のこ》っています。

しかし第二次大戦《だいにじたいせん》が始《はじ》まると、展《てん》示室《じしつ》は国《くに》や県《けん》の機関《きかん》の事務所《じむしょ》になります。終戦後《しゅうせんご》は、爆心地《ばくしんち》でゆいいつ倒壊《とうかい》をまぬかれ、いつしか原爆《げんばく》ドームとよばれるようになりました。

もっと知《し》りたい！

ドーム上空《じょうくう》で核爆弾《かくばくだん》が爆発《ばくはつ》したため爆風《ばくふう》が下《した》に抜《ぬ》け、建物《たてもの》はたおれずに済《す》んだ

鬼《おに》ヶ《が》島《しま》には香《か》川《がわ》からフェリーで行《い》ける

香《か》川県《がわけん》の高松港《たかまつこう》から20分《ぷん》で気軽《きがる》に行《い》けちゃいます。

正式名《せいしきめい》は「女木島《めぎじま》」と言《い》います。**桃太郎伝説《ももたろうでんせつ》が残《のこ》る岡山《おかやま》と、香川《かがわ》の間《あいだ》の瀬戸内海《せとないかい》にある小《ち》さな島《しま》**です。1914年《ねん》に、高松《たかまつ》の小学校《しょうがっこう》の先生《せんせい》が、女木島《めぎじま》で巨大《きょだい》な洞窟《どうくつ》を発見《はっけん》。調査《ちょうさ》の末《すえ》、鬼《おに》ヶ《が》島《しま》のモデルになった島《しま》ではないかと言《い》われるようになりました。

女木島《めぎじま》以外《いがい》にも、鬼《おに》が出《で》たと言《い》われる場所《ばしょ》は全国《ぜんこく》にあります。鬼《おに》の語《ご》源《げん》は「隠《おぬ》」で、平安時代《へいあんじだい》は目《め》に見《み》えないもの、あの世《よ》のものを表《あらわ》す言葉《ことば》でした。

その後《ご》、鬼《おに》は病《やまい》や盗賊《とうぞく》や敵《てき》などこわいものと結《むす》びつけられ、いろいろな伝説《でんせつ》が残《のこ》されたのです。

意外《いがい》なカンケイ

浦島太郎伝説《うらしまたろうでんせつ》が残《のこ》る場所《ばしょ》は、北海道《ほっかいどう》から沖縄《おきなわ》まで40か所以上《しょいじょう》ある

長《なが》崎《さき》のお盆《ぼん》は道《どう》路《ろ》に爆《ばく》竹《ちく》をばらまく

ネットに動画《どうが》を上《あ》げたら炎上《えんじょう》しそうですが心配《しんぱい》いりません。江戸時代《えどじだい》から続《つづ》く伝統行事《でんとうぎょうじ》です。

長崎《ながさき》では、毎年《まいとし》8月《がつ》15日《にち》に、死者《ししゃ》の魂《たましい》をとむらう「精霊流《しょうろうなが》し」を行《おこな》います。亡《な》くなった人《ひと》の家族《かぞく》が、竹《たけ》やわらで船《ふね》をつくり、これを引《ひ》いて町中《まちなか》を練《ね》り歩《ある》くのです。船《ふね》の大《おお》きさは、数人《すうにん》で運《はこ》べるものから、大型《おおがた》バスくらいの大《おお》きさまでさまざま。

さらに**練《ね》り歩《ある》くときは、道《みち》に大量《たいりょう》の爆竹《ばくちく》をばらまきます**。大《おお》きな音《おと》で悪霊《あくりょう》を退《しりぞ》け、道《みち》を清《きよ》めているのです。こうした風習《ふうしゅう》は、中国《ちゅうごく》から伝《つた》わった彩舟流《さいしゅうなが》しが起源《きげん》と考《かんが》えられています。行事《ぎょうじ》の最後《さいご》は船《ふね》を海《うみ》に流《なが》し、故人《こじん》が極楽浄土《ごくらくじょうど》に渡《わた》れるように願《ねが》います。

衝撃《しょうげき》の事実《じじつ》！

ギリシャのキオス島《とう》には教会《きょうかい》の信者《しんじゃ》がロケット花火《はなび》を数万発《すうまんぱつ》打《う》ち合《あ》う祭《まつ》りがある

沖縄《おきなわ》の牛乳《ぎゅうにゅう》パックは 946mL

日《に》本《ほん》のスーパーで売《う》られている紙《かみ》パックの牛乳《ぎゅうにゅう》やお茶《ちゃ》の量《りょう》は、ほとんど1000mLです。

しかし沖縄《おきなわ》だけ、なぜか946mLという半端《はんぱ》な量《りょう》で売《う》られています。これは、沖縄《おきなわ》がアメリカ領《りょう》だった時《じ》代《だい》のなごりなのです。

第二次大戦後《だいにじたいせんご》、沖縄《おきなわ》は日本《にほん》から分《ぶん》離《り》され、1972年《ねん》までアメリカの統治下《とうちか》に。そのときアメリカから機《き》械《かい》を取《と》り寄《よ》せ、牛乳工場《ぎゅうにゅうこうじょう》ができます。**これらの機械《きかい》は、すべて「ガロン」という単位《たんい》を基準《きじゅん》にしていました。**

ガロンは、アメリカで使《つか》われる体《たい》積《せき》の単位《たんい》で、1ガロンは3785mL。これを4で割《わ》った946mLを1パックにして販売《はんばい》したのが始《はじ》まりです。

もっと知《し》りたい！

魔《ま》よけのシーサーは古代《こだい》エジプトのライオン像《ぞう》がシルクロードから伝《つた》わったもの

＋もっと知《し》りたい

意外《いがい》に多《おお》い！日本《にほん》にある世界一《せかいいち》

日本《にほん》の国土《こくど》の広《ひろ》さは、世界《せかい》で61番目《ばんめ》。大《おお》きいとは言《い》えません。でも意外《いがい》と、たくさんの「世界一《せかいいち》」があるのです。

世界一《せかいいち》せまい 海峡《かいきょう》

海峡《かいきょう》とは、陸《りく》と陸《りく》にはさまれて海《うみ》の幅《はば》がせまくなったところ。香川県《かがわけん》の小豆島《しょうどしま》と前島《まえじま》の間《あいだ》には、土渕海峡《どふちかいきょう》があります。その幅《はば》は、いちばんせまい部分《ぶぶん》で9.93m。大型《おおがた》バスよりも短《みじか》い、世界一《せかいいち》せまい海峡《かいきょう》なのです。

世界一長《せかいいちなが》い 木造《もくぞう》の橋《はし》

静岡県島田市《しずおかけんしまだし》の大井川《おおいがわ》にかかる蓬莱橋《ほうらいばし》は、長《なが》さ897.4m。それも約《やく》150年前《ねんまえ》（明《めい》治《じ》12年《ねん》）につくられた木造《もくぞう》の橋《はし》です。1997年《ねん》に「世界一長《せかいいちなが》い木造歩道橋《もくぞうほどうきょう》」として、ギネス世界記録《せかいきろく》に認定《にんてい》されました。

世界一《せかいいち》古《ふる》い 花《はな》

1951年《ねん》、千葉県《ちばけん》の縄文遺跡《じょうもんいせき》の近《ちか》くから、古代《こだい》のハスの種《たね》が発見《はっけん》されました。植物学者《しょくぶつがくしゃ》の大賀《おおが》一郎博士《いちろうはかせ》が育《そだ》てると、3粒《つぶ》のうちの1粒《つぶ》が開花《かいか》。年代測定《ねんだいそくてい》の結果《けっか》、種《たね》は約《やく》2000年前《ねんまえ》のもので「世界最古《せかいさいこ》の花《はな》」として話題《わだい》になりました。

世界一《せかいいち》の 金山《きんざん》

貴金属《ききんぞく》の金《きん》は、ふつう1tの鉱石《こうせき》から3gほどしかとれません。ところが鹿児島県《かごしまけん》にある菱刈《ひしかり》鉱山《こうざん》からは、1tあたり20gもの金《きん》がとれます。鉱山《こうざん》には、あと155t分《ぶん》の金《きん》が眠《ねむ》っていることが確認《かくにん》されています。

世界一《せかいいち》広《ひろ》い 深海《しんかい》

国土《こくど》は小《ちい》さいですが、日本《にほん》が管理《かんり》している海《うみ》の広《ひろ》さは第《だい》6位《い》。さらに、その範囲内《はんいない》にある深海《しんかい》の広《ひろ》さは、世界一《せかいいち》です。深海《しんかい》は、水面《すいめん》から200mより深《ふか》い海《うみ》のことで、日本《にほん》のいちばん深《ふか》い場所《ばしょ》では水深《すいしん》9801mにもなります。

地下資源《ちかしげん》は乏《とぼ》しいが、海底資源《かいていしげん》は豊富《ほうふ》

日本《にほん》の広《ひろ》い海《うみ》の底《そこ》には、石油《せきゆ》や天然《てんねん》ガス、金銀銅《きんぎんどう》などの資源《しげん》が、大量《たいりょう》に埋《う》まっていると試算《しさん》されています。特《とく》に、石炭《せきたん》や石油《せきゆ》に代《か》わるエネルギー資源《しげん》として注目《ちゅうもく》されるメタンハイドレートが大量《たいりょう》に埋《う》まっていて、活用《かつよう》に向《む》けた動《うご》きが進《すす》んでいます。

明治時代《めいじじだい》は全国《ぜんこく》に302県《けん》もあった

やばい

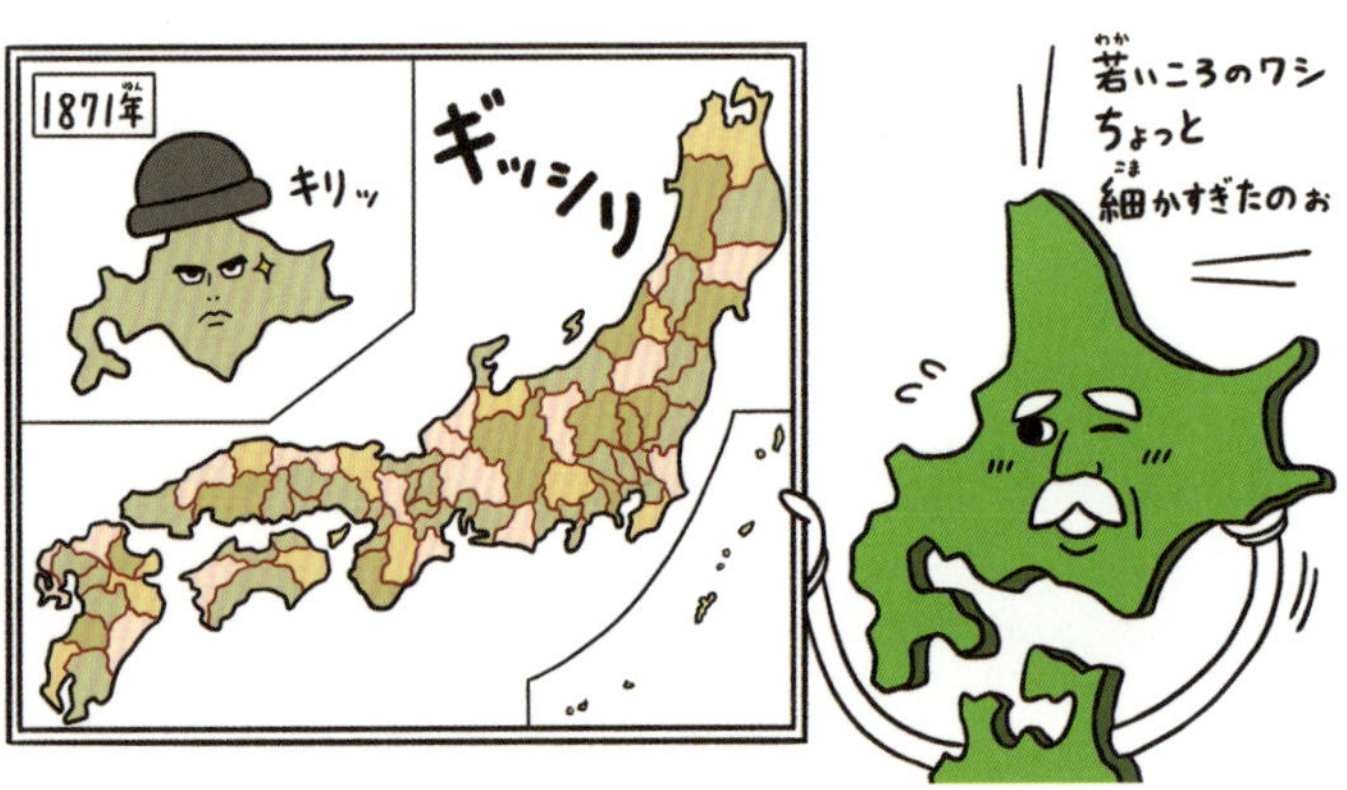

1871年
キリッ
ギッシリ
若《わか》いころのワシ
ちょっと
細《こま》かすぎたのぉ

森《もり》、岡《おか》、泉《いずみ》、三日月《みかづき》という名前《なまえ》の県《けん》もありました。

1871年《ねん》、明治政府《めいじせいふ》は「廃藩置県《はいはんちけん》」を行《おこな》います。それまで各地《かくち》の大名《だいみょう》が支配《しはい》していた「藩《はん》」をなくして、政府《せいふ》がすべてを管理《かんり》する「県《けん》」を置《お》いたのです。力《ちから》を政府《せいふ》に集中《しゅうちゅう》させて、強《つよ》い国《くに》をつくるためでした。

ところが、**藩《はん》をそのまま県《けん》に置《お》きかえたところ、3府《ふ》302県《けん》に。**数《かず》が多《おお》すぎて効率《こうりつ》が悪《わる》いことから、4か月後《げつご》には3府《ふ》72県《けん》にされます。

さらに5年後《ねんご》、ふたたび県境《けんざかい》が見直《みなお》されると、今度《こんど》は今《いま》よりも少《すく》ない3府《ふ》35県《けん》になります。それから12年《ねん》かけて8県《けん》が復活《ふっかつ》し、1888年《ねん》に現在《げんざい》と同《おな》じ47県《けん》になりました。

もっと知《し》りたい！

消滅後《しょうめつご》に復活《ふっかつ》したのは徳島《とくしま》、福井《ふくい》、鳥取《とっとり》、富山《とやま》、佐賀《さが》、宮崎《みやざき》、奈良《なら》、香川《かがわ》の8県《けん》

昔《むかし》、9つの国《くに》があったから九州《きゅうしゅう》

廃《はい》藩置県《はんちけん》（↓前《まえ》ページ）が行《おこな》われる前《まえ》までの地名《ちめい》は、1300年前《ねんまえ》に決《き》められました。

飛鳥時代《あすかじだい》、天皇《てんのう》は豪族《ごうぞく》たちとともに、国《くに》をまとめるためのルールや仕《し》組《く》みづくりを進《すす》めます。そして701年《ねん》にできたのが「大宝律令《たいほうりつりょう》」です。律《りつ》は刑罰《けいばつ》のきまり、令《りょう》は労働《ろうどう》や税《ぜい》などにかかわるきまりのこと。天皇《てんのう》は、この「律令制《りつりょうせい》」を全国《ぜんこく》に行《い》き渡《わた》らせるために、各地域《かくちいき》を「国《くに》」という単位《たんい》で分《わ》けて管理《かんり》しました。

このとき九州地方《きゅうしゅうちほう》に置《お》かれたのが、筑前《ちくぜん》、筑後《ちくご》、豊前《ぶぜん》、豊後《ぶんご》、肥前《ひぜん》、肥《ひ》後《ご》、日向《ひゅうが》、薩摩《さつま》、大隅《おおすみ》の9つの国《くに》。ここから「九州《きゅうしゅう》」とよばれはじめ、廃藩置県《はいはんちけん》後《ご》も地名《ちめい》だけ残《のこ》ったのです。

意外《いがい》なカンケイ

中国地方《ちゅうごくちほう》は平安時代《へいあんじだい》、京都《きょうと》と福岡《ふくおか》の太宰府《だざいふ》の「中間《ちゅうかん》にある国《くに》」から名《な》がつけられた

市町村《しちょうそん》の違《ちが》いは住《す》んでいる人《ひと》の数《かず》

たとえば青森県《あおもりけん》には、10の市《し》、22の町《まち》、8の村《むら》があります。この市《し》・町《まち》・村《むら》の違《ちが》いは、そこに住《す》む人《ひと》の数《かず》です。

まず「市《し》」とよばれるためには、人口《じんこう》5万人《まんにん》以上必要《いじょうひつよう》であることが法律《ほうりつ》で決《き》められています。一方《いっぽう》、**「町《まち》」となる条件《じょうけん》は、都道府県《とどうふけん》によって異《こと》なります**。青森県《あおもりけん》の場合《ばあい》、人口《じんこう》8000人《にん》以上《いじょう》が条件《じょうけん》の一《ひと》つで、ほかの自治体《じちたい》も人口数《じんこうすう》のきまりがあります。

では「村《むら》」の条件《じょうけん》は何《なに》かと言《い》うと、これは何《なに》もありません。村《むら》は、人々《ひとびと》が自然《しぜん》に集《あつ》まり住《す》むようになった場《ば》所《しょ》のことで、江戸時代《えどじだい》には6万《まん》以上《いじょう》ありました。その後《ご》、法律《ほうりつ》によって町《まち》や市《し》にまとめられていったのです。

意外《いがい》なカンケイ

日本一人口《にほんいちじんこう》が少《すく》ない村《むら》は東京都《とうきょうと》にある。人口《じんこう》162人《にん》の離島《りとう》、青ヶ島村《あおがしまむら》だ

日本《にほん》の道路《どうろ》をぜんぶつなげると地球《ちきゅう》32周分《しゅうぶん》

日《に》本《ほん》で初《はじ》めて整備《せいび》された道《みち》（国《こく》道《どう》）がつくられたのは６１３年《ねん》。今《いま》も大阪《おおさか》に残《のこ》る竹内街道《たけのうちかいどう》・横大路《よこおおじ》がそれで、大阪湾《おおさかわん》から奈良《なら》の飛鳥《あすか》の都《みやこ》まで約《やく》40㎞を結《むす》びました。

そして日本《にほん》は東海道《とうかいどう》、東山道《とうさんどう》、北陸道《ほくりくどう》、山陽道《さんようどう》、山陰道《さんいんどう》、南海道《なんかいどう》、西海道《さいかいどう》という７つの地方《ちほう》に分《わ》けられ、同《おな》じ名前《なまえ》の道《みち》ができます。道《みち》を人《ひと》が行《ゆ》き交《か》う中《なか》で、文化《ぶんか》や商売《しょうばい》が発展《はってん》。江戸時代《えどじだい》にはさらに道《みち》が栄《さか》えます。

その後《ご》、日本中《にほんじゅう》に道路《どうろ》がつくられ、現在《げんざい》の総延長距離《そうえんちょうきょり》は約《やく》12・8万《まん》㎞。なんと地球《ちきゅう》約《やく》32周分《しゅうぶん》もの長《なが》さがあります。**日本一《にほんいち》長《なが》い道路《どうろ》は国道《こくどう》４号《ごう》で**、**長《なが》さは７４２・５㎞**。東京《とうきょう》から青森《あおもり》までつながっています。

衝撃《しょうげき》の事実《じじつ》！

道《みち》の字《じ》に「首《くび》」があるのは、昔《むかし》の中国《ちゅうごく》で敵《てき》の生首《なまくび》を持《も》って土地《とち》を歩《ある》く風習《ふうしゅう》から

伝《でん》説《せつ》の学《がく》者《しゃ》

本《ほん》当《とう》は地《ち》図《ず》じゃなくてカレンダーを作《つく》りたかった

伊《い》能《のう》忠《ただ》敬《たか》さん

（1745〜1818年《ねん》）

江戸時代《えどじだい》の天文学者《てんもんがくしゃ》・地理学者《ちりがくしゃ》。55歳《さい》から71歳《さい》まで、10回《かい》にわたり日本中《にほんじゅう》を歩《ある》いて測量《そくりょう》し、史上初《しじょうはじ》めて正確《せいかく》な日本《にほん》地図《ちず》を完成《かんせい》させた。

幕府《ばくふ》は忠敬《ただたか》に期待《きたい》しておらず、調査《ちょうさ》費用《ひよう》も最初《さいしょ》は自《じ》腹《ばら》だった。でも、完成《かんせい》した東日本《ひがしにほん》の地図《ちず》が素晴《すば》らしすぎて「西日本《にしにほん》の地図《ちず》も頼《たの》む」とお願《ねが》いされたんだって。

地球《ちきゅう》1周分《しゅうぶん》（約《やく》4万《まん》㎞）も歩《ある》いた忠敬《ただたか》だけど、じつは病弱《びょうじゃく》だった。歯《は》が1本《ぽん》しかなく、豆腐《とうふ》やカブをよく食《た》べていたようだ。

伊《い》能《のう》忠敬《ただたか》が江戸《えど》に出《で》たのは50歳《さい》のとき。そこから19歳年下《さいとしした》の学者《がくしゃ》に弟子入《でしい》りして、天文学《てんもんがく》を熱心《ねっしん》に学《まな》ぶよ。二人《ふたり》には、天体《てんたい》を観測《かんそく》して正確《せいかく》な暦《こよみ》（カレンダー）を作《つく》りたいという夢《ゆめ》があった。でも、正確《せいかく》なデータを得《え》るには「地球《ちきゅう》の大《おお》きさ」を知《し》る必要《ひつよう》があったんだ。

そこで忠敬《ただたか》は、当時《とうじ》は未開《みかい》の地《ち》だった蝦夷《えぞ》（北海道《ほっかいどう》）の地図製作《ちずせいさく》を幕《ばく》府《ふ》に願《ねが》い出《で》る。でも、本当《ほんとう》のねらいは、江戸《えど》から蝦夷《えぞ》までの正確《せいかく》な距離《きょり》を測《はか》って、地球《ちきゅう》の大《おお》きさを計算《けいさん》するためのデータを得《え》ることだった。これが後《のち》に、日本地図製作《にほんちずせいさく》につながったんだ。

じつは『日本一《にほんいち》』なんです！

日本一《にほんいち》

巨大《きょだい》なコースター

スチールドラゴン2000（三重県《みえけん》）

日本一《にほんいち》

古《ふる》い木造建築《もくぞうけんちく》

法隆寺《ほうりゅうじ》（奈良県《ならけん》）

日本一《にほんいち》

高《たか》い大仏《だいぶつ》

牛久大仏《うしくだいぶつ》（茨城県《いばらきけん》）

日本一《にほんいち》

透明《とうめい》な湖《みずうみ》

摩周湖《ましゅうこ》（北海道《ほっかいどう》）

日本一《にほんいち》

大《おお》きな芋煮会《いもにかい》

日本一《にほんいち》の芋煮会《いもにかい》フェスティバル（山形県《やまがたけん》）

クイズ

日本一《にほんいち》高《たか》い
タワーはどれ？

①東京《とうきょう》タワー

②横浜《よこはま》ランドマークタワー

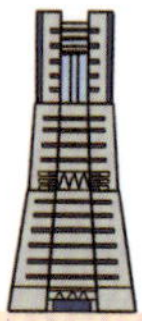

③東京《とうきょう》スカイツリー

クイズの答《こた》え：③

第《だい》4章《しょう》

知《し》れば知《し》るほど好《す》きになる世《せ》界《かい》のひみつ

大陸《たいりく》と島《しま》の違《ちが》いはオーストラリアより大《おお》きいかどうか

北《ほっ》極《きょく》も南極《なんきょく》も、面積《めんせき》は約《やく》1400万《まん》㎢と同《おな》じくらいです。ではなぜ、南極大陸《なんきょくたいりく》とよぶのに、北極《ほっきょく》大陸《たいりく》とはよばないのでしょう?

正解《せいかい》は、陸地《りくち》がないから。南極《なんきょく》は氷《こおり》の下《した》に陸地《りくち》がありますが、北極《ほっきょく》は海《うみ》が凍《こお》っただけで陸《りく》はありません。

では、日本《にほん》はどうでしょう。陸地《りくち》があるのに、なぜ大陸《たいりく》とよばないのでしょうか。その答《こた》えは、オーストラリアよりも面積《めんせき》が小《ちい》さいから。世界《せかい》には大《おお》きい順《じゅん》に、ユーラシア、アフリカ、北《きた》アメリカ、南《みなみ》アメリカ、南極《なんきょく》、オーストラリアの6つの大陸《たいりく》があります。**これよりも小《ちい》さくて、どの大陸《たいりく》にもふくまれない独立《どくりつ》した陸地《りくち》を「島《しま》」とよぶ**のです。

意外《いがい》なカンケイ

世界最大《せかいさいだい》の島《しま》グリーンランドの面積《めんせき》は日本《にほん》の約《やく》6倍《ばい》だが、人口《じんこう》は2200分《ぶん》の1

タイの首都《しゅと》の正《せい》式《しき》名《めい》は123文《も》字《じ》ある

クルンテープ・プラマハーナコーン・
アモーンラッタナコーシン・マヒンタラーユッタヤー・
マハーディロックホップ・ノッパラット・
ラーチャタニーブリローム・
ラドムウーチャンウェートマハーサターン・
アモーンピマーン・アワターンサティット・
サッカタッティヤウィサヌカムプラシット
この歌《うた》が名前《なまえ》!!
クルンテープって呼《よ》ぼう
長《なが》すぎぃ〜〜っ

やばい

では、数《かぞ》えてみましょう。「クルンテープ・プラマハーナコーン・アモーンラッタナコーシン・マヒンタラーユッタヤー・マハーディロックホップ・ノッパラット・ラーチャタニーブリローム・ラドムウーチャンウェートマハーサターン・アモーンピマーン・アワターンサティット・サッカタッティヤウィサヌカムプラシット」。これが、タイの首都《しゅと》の正式《せいしき》な名前《なまえ》です。

タイの初代国王《しょだいこくおう》であるラーマ1世《せい》が、**新《あたら》しい都《みやこ》をつくるときにうたった歌《うた》が、そのまま名前《なまえ》になりました。**

でもこのままだと長《なが》すぎるので、タイの人《ひと》も「クルンテープ」とだけよんでいます。

意外《いがい》なカンケイ

バンコクは首都《しゅと》の英名《えいめい》。タイ語《ご》のバーンマコーク（木《き》が生《お》い茂《しげ》る水村《すいそん》）が由来《ゆらい》

自動販売機《じどうはんばいき》は2200年前《ねんまえ》のエジプトで作《つく》られた

飲《の》み物《もの》だけではありません。米《こめ》、うどん、ケーキ、生花《せいか》、金貨《きんか》、陶器《とうき》、結婚指輪《けっこんゆびわ》まで、日本《にほん》にはたくさんの自動販売機《じどうはんばいき》があります。

日本《にほん》では１９６０年代《ねんだい》から飲料《いんりょう》の自販機《じはんき》が広《ひろ》まりました。けれども、**世界最古《せかいさいこ》の自販機《じはんき》ができたのは、なんと紀元前《きげんぜん》２１５年頃《ねんごろ》。**古代《こだい》エジプトの神殿《しんでん》の前《まえ》に、「聖水自販機《せいすいじはんき》」が置《お》かれていたという記録《きろく》があります。

コインを入《い》れると、重《おも》みで中《なか》にある受《う》け皿《ざら》が傾《かたむ》いてタンクのふたが開《あ》き、聖水《せいすい》が出《で》てくる仕組《しく》みだったようです。聖水《せいすい》は、けがれをはらう水《みず》で、神殿《しんでん》に入《はい》る前《まえ》に身《み》を清《きよ》めたと考《かんが》えられます。日本《にほん》の神社《じんじゃ》の手水《ちょうず》のようなものだったのかもしれません。

もっと知《し》りたい！

日本《にほん》に今《いま》もある最古《さいこ》の自販機《じはんき》は、1904年《ねん》に発明《はつめい》された切手《きって》と葉書《はがき》の自販機《じはんき》

マラソンの距離《きょり》は イギリス王妃《おうひ》の わがままで決《き》まった

「我《われ》勝《か》てり」。戦士《せんし》は、最後《さいご》にそう叫《さけ》んで命《いのち》を落《お》としました。

今《いま》から約《やく》２４００年前《ねんまえ》、ペルシア軍《ぐん》に勝利《しょうり》したギリシャ軍《ぐん》の戦士《せんし》は、マラトンから約《やく》40kmを走《はし》り、アテナイの民《たみ》に勝利《しょうり》を報告《ほうこく》します。この伝《でん》説《せつ》にちなみ、１８９６年《ねん》にアテネで開《ひら》かれた第《だい》1回《かい》オリンピックから、長距離走《ちょうきょりそう》が行《おこな》われるようになりました。これが「マラソン」の起源《きげん》です。

ただし**第《だい》1回《かい》の距離《きょり》は36・75km。現在《げんざい》の42・１９５kmになったのは第《だい》8回大会《かいたいかい》から**です。当時《とうじ》のイギリスの王妃《おうひ》が「スタートは宮殿《きゅうでん》の庭《にわ》から、ゴールはボックス席《せき》の前《まえ》にして！」と言《い》ったことで、距離《きょり》がのびたと言《い》われています。

衝撃《しょうげき》の事実《じじつ》！

マラソン最遅記録《さいちきろく》は金栗四三《かなぐりしぞう》の54年《ねん》246日《にち》。ずっと失踪扱《しっそうあつか》いになっていた

サッカーは昔《むかし》、ボールを手《て》で持《も》って走《はし》ってもよかった

サッカーはイングランド（イギリスの一国《いっこく》）のお祭《まつ》りとして始《はじ》まりました。19世紀《せいき》には上流階級《じょうりゅうかいきゅう》の子《こ》どもの学校《がっこう》で「フットボール」として人気《にんき》のスポーツとなります。

当時《とうじ》は、学校《がっこう》によってルールが違《ちが》いました。手《て》でボールを持《も》ったり、相手《あいて》のすねを蹴《け》ったりしてもOKという学校《がっこう》もあったのです。このため、対戦校《たいせんこう》とけんかになることも少《すく》なくありませんでした。そこで1863年《ねん》に、各《かく》クラブの代表者《だいひょうしゃ》が集《あつ》まって協会《きょうかい》を設立《せつりつ》。共通《きょうつう》のルールや禁止行為《きんしこうい》を決《き》めました。この「協会《きょうかい》」（Assosiation）の〝asoc〟に、「〜する人《ひと》」を意味《いみ》する〝er〟をつけて、〝Soccer〟とよばれたのです。

もっと知《し》りたい！

協会《きょうかい》のルールに反対《はんたい》した人々《ひとびと》が続《つづ》けたフットボールが、今《いま》のラグビーになった

ブラジルにはあるのに使《つか》われないお金《かね》がある

ブラジルのお金《かね》の単位《たんい》は、「レアル」と「センターボ」の2つがあります。1センターボは、大《だい》体《たい》0・3円《えん》くらいです。

一円玉《いちえんだま》や五円玉《ごえんだま》と同《おな》じように、センターボにも1・5・10……と5種《しゅ》類《るい》の硬貨《こうか》があります。**ところが1センターボ硬貨《こうか》は、ほとんど使《つか》われません。めんどうくさいから**です。

ブラジルはカード社会《しゃかい》で、現金《げんきん》で買《か》い物《もの》をする人《ひと》は少数派《しょうすうは》。そのためレジに釣《つ》り銭《せん》がないことが多《おお》く、10センターボ以下《いか》のお釣《つ》りはまず返《かえ》されません。その代《か》わり、あめやガムを1個《こ》おまけしてくれることがあります。いい加減《かげん》と思《おも》うか、おおらかと思《おも》うかは、あなた次第《しだい》です。

衝撃《しょうげき》の事実《じじつ》！

カーニバルは宗教《しゅうきょう》の禁欲期間《きんよくきかん》に入《はい》る前《まえ》の宴会《えんかい》が起源《きげん》。「肉《にく》よ、サヨウナラ」の意味《いみ》

ロシアは4倍《ばい》大《おお》きく世《せ》界《かい》地《ち》図《ず》に描《か》かれている

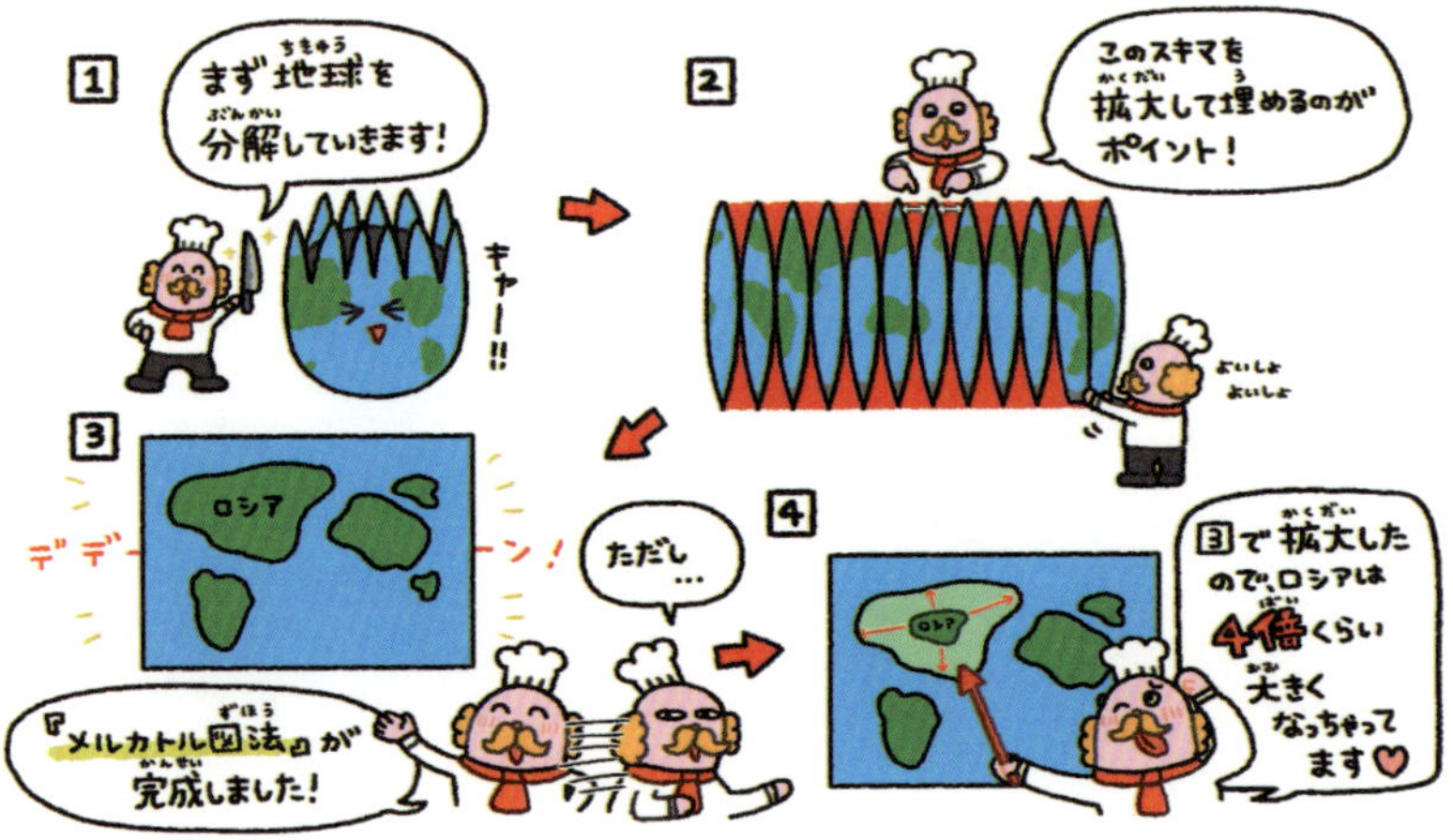

地《ち》球《きゅう》儀《ぎ》を分《ぶん》解《かい》して平《たい》らにすると、葉《は》っぱが何《なん》枚《まい》もつながったような形《かたち》になります。

でもこれだと、すき間《ま》が空《あ》いていて見《み》づらいですね。そこで地《ち》図《ず》を横《よこ》に引《ひ》きのばしてすき間《ま》を埋《う》めます。

でもそれだけだと、元《もと》の地《ち》形《けい》より横《よこ》長《なが》になってしまいます。そこで横《よこ》にのばした部《ぶ》分《ぶん》は、同《おな》じだけ縦《たて》も引《ひ》きのばします。こうしてすき間《ま》を埋《う》めてきれいな四《し》角《かく》形《けい》にしたものが、わたしたちがよく見《み》る世《せ》界《かい》地《ち》図《ず》です。

ただしこの方《ほう》法《ほう》だと、ロシアは実《じっ》際《さい》の4倍《ばい》くらいの大《おお》きさになります。**北《きた》や南《みなみ》ほど隙《すき》間《ま》が大《おお》きく、縦《たて》横《よこ》に大《おお》きく引《ひ》きのばされる**ため、実《じっ》際《さい》の面《めん》積《せき》比《ひ》より大《おお》きく描《か》かれているのです。

もっと知《し》りたい！

この作《さく》図《ず》法《ほう》は「メルカトル図《ず》法《ほう》」。16世《せい》紀《き》大《だい》航《こう》海《かい》時《じ》代《だい》に航《こう》海《かい》図《ず》として発《はつ》案《あん》された

アメリカには過去《かこ》から未来《みらい》へ歩《ある》いて行《い》ける場所《ばしょ》がある

アメリカには「昨日《きのう》の島《しま》」とよばれる島《しま》があります。北《きた》アメリカ大陸《たいりく》のアラスカ州《しゅう》にあるリトルダイオミード島《とう》です。この島《しま》は、ロシアとの国境《こっきょう》沿《ぞ》いにあります。ロシア領《りょう》のラトマノフ島《とう》まで、わずか4kmほどしかありません。冬《ふゆ》になると海《うみ》が凍《こお》るので、歩《ある》いて渡《わた》ることもできてしまいます。

さらに不思議《ふしぎ》なのが、**海《うみ》を渡《わた》ると1日《にち》近《ちか》く時間《じかん》が進《すす》む**こと。じつは2つの島《しま》の間《あいだ》には、日付変更線《ひづけへんこうせん》があります。たとえば、アメリカ側《がわ》が1日《ついたち》の昼《ひる》12時《じ》だとすると、ロシア側《がわ》は2《ふつ》日《か》の朝《あさ》9時《じ》になります。島《しま》から島《しま》へ4km歩《ある》いただけで、21時間《じかん》も未来《みらい》にタイムスリップしてしまうのです。

もっと知《し》りたい！

リトルダイオミード島《とう》には人《ひと》が住《す》んでいて、学校《がっこう》の体育館《たいいくかん》に有料《ゆうりょう》で泊《と》まれる

考《かんが》えてみよう

今《いま》、鎖《さ》国《こく》したらどうなる？

「鎖国《さこく》」とは、他国《たこく》との交通《こうつう》や貿易《ぼうえき》を禁《きん》ずることです。海外旅行《かいがいりょこう》に行《い》ったり、外国《がいこく》から物《もの》を買《か》ったり売《う》ったりすることができなくなります。

実際《じっさい》に日本《にほん》では、17世紀《せいき》半《なか》ばから19世紀《せいき》半《なか》ばまで、200年近《ねんちか》く鎖国《さこく》していました。現在《げんざい》は、200を超《こ》える国《くに》や地域《ちいき》と貿易《ぼうえき》しています。

では、もしも明日《あす》から完全《かんぜん》に鎖国《さこく》をしたら、いったいどんな生活《せいかつ》になるのでしょうか？

入《はい》っちゃダメです！

またイモメインかぁ…

主食《しゅしょく》は米《こめ》からイモになる!?

国内《こくない》で作《つく》られている農作物《のうさくもつ》だけだと、米《こめ》より、じゃがいもやさつまいもを多《おお》く食《た》べるようになる。牛乳《ぎゅうにゅう》は6日《むいか》に1杯《ぱい》、肉《にく》は９日《ここのか》に1回《かい》しか食《た》べられないんだ。

服《ふく》は超高級品《ちょうこうきゅうひん》になる!?

服《ふく》の量《りょう》は、今《いま》の約《やく》100分《ぶん》の1に。オシャレは一部《いちぶ》のお金持《かねも》ちしか楽《たの》しめなくなってしまうかもしれない。

電気《でんき》を使《つか》えるのは1日《にち》3時間《じかん》!?

電気《でんき》やガスといったエネルギーを作《つく》るためには、石炭《せきたん》、石油《せきゆ》、天然《てんねん》ガスといった燃料《ねんりょう》がいる。日本《にほん》はその約《やく》9割《わり》を輸入《ゆにゅう》に頼《たよ》っているんだ。

2階建《かいだ》ての家《いえ》は禁止《きんし》!?

建築《けんちく》に使《つか》える木材《もくざい》の量《りょう》は、今《いま》の約半分《やくはんぶん》になる。法律《ほうりつ》で、2階建《かいだ》て以上《いじょう》の家《いえ》を建《た》てることは禁止《きんし》されるかもしれない。

ここで紹介《しょうかい》した生活《せいかつ》は、いろいろな「自給率《じきゅうりつ》」をもとに考《かんが》えたものだよ。自給率《じきゅうりつ》とは、わたしたちの生活《せいかつ》に必要《ひつよう》な物《もの》やエネルギーを、どのていど自分《じぶん》の国《くに》でまかなえているかを示《しめ》した数値《すうち》だ。今《いま》の日本《にほん》でのくらしは、とても多《おお》くの国《くに》と協力《きょうりょく》し合《あ》って、成《な》り立《た》っているんだ。

日本《にほん》のいろいろな自給率《じきゅうりつ》

食料自給率《しょくりょうじきゅうりつ》	38%（カロリーベース）	エネルギー自給率《じきゅうりつ》	13.3%
衣類《いるい》の自給率《じきゅうりつ》	1.5%	建築用木材《けんちくようもくざい》の自給率《じきゅうりつ》	49.5%

手《て》につばをかけるあいさつがある

あなたの幸《しあわ》せを祈《いの》るよ
びっくり!!
ぺっ
びっくり

あいさつ（挨拶《あいさつ》）という日本語《にほんご》は、「一挨一拶《いちあいいちさつ》」というお坊《ぼう》さんの修行《しゅぎょう》が起源《きげん》です。おたがいに質問《しつもん》をしてどれくらい悟《さと》りを開《ひら》いているかを確《たし》かめました。ここから、あいさつは相手《あいて》を気遣《きづか》ったり友好《ゆうこう》を示《しめ》したりするサインとなりました。

あいさつするとき日本《にほん》ではおじぎをしますが、アメリカやヨーロッパではあくしゅやハグ。フィリピンでは、相手《あいて》の手《て》を自分《じぶん》の額《ひたい》に当《あ》てて敬《けい》意《い》を表《あらわ》します。モンゴルでは、布《ぬの》を渡《わた》して歓迎《かんげい》するあいさつもあります。

さらにアフリカのキクユ族《ぞく》は、相《あい》手《て》の手《て》につばをかけます。つばには魔《ま》よけの効果《こうか》があると信《しん》じられ、**相《あい》手《て》の幸運《こううん》を願《ねが》ってつばを吐《は》く**のです。

もっと知《し》りたい！

チベットでは悪魔《あくま》は舌《した》が黒《くろ》いとされるため、あいさつのときに舌《した》を見《み》せ合《あ》う

インドでは子《こ》どもの頭《あたま》をなでてはいけない

インドでは、頭《あたま》には神《かみ》が宿《やど》るとされ、触《さわ》るのは、けがす行為《こうい》です。ほかにも**世界《せかい》には、タブーとよばれる禁止行為《きんしこうい》があります。**

たとえば、韓国《かんこく》では亡《な》くなった人《ひと》の戸籍《こせき》を赤字《あかじ》で書《か》いたことから、赤《あか》ペンで名前《なまえ》を書《か》くのはだめ。中国《ちゅうごく》では、時計《とけい》を贈《おく》るのは、死者《ししゃ》をとむらうことを連想《れんそう》させるのでだめ。ロシアでは、黄色《きいろ》い花《はな》は「別《わか》れ」を意味《いみ》するので贈《おく》ってはだめ。また、南《みなみ》アフリカでは、飼《か》っている家畜《かちく》の数《かず》を聞《き》くのは、貯金額《ちょきんがく》を聞《き》くのと同《おな》じくらい失礼《しつれい》なのだそうです。

国《くに》や宗教《しゅうきょう》によってルールや考《かんが》えは違《ちが》います。それを大切《たいせつ》にしている人《ひと》たちの気持《きも》ちも大事《だいじ》にしたいですね。

もっと知《し》りたい！

日本《にほん》で食《た》べ物《もの》を残《のこ》すのはよくないが、中国《ちゅうごく》ではひと口残《くちのこ》さないとマナー違反《いはん》

ラオスでは納《なっ》豆《とう》をせんべいにする

びっくり

ぼくらはきょうだい☆

納《なっ》豆《とう》は日《に》本《ほん》だけの食《た》べ物《もの》ではありません。中《ちゅう》国《ごく》、韓《かん》国《こく》、東《とう》南《なん》アジア、アフリカまで、その国《くに》独《どく》自《じ》の納《なっ》豆《とう》があります。

たとえば、ラオスの納《なっ》豆《とう》は「トゥアナオ」と言《い》って、発《はっ》酵《こう》した大《だい》豆《ず》をつぶしてせんべいのように固《かた》めたもの。**そのまま焼《や》いて食《た》べるほか、調《ちょう》味《み》料《りょう》として汁《しる》物《もの》に入《い》れたりします。**

また、アフリカには、大《だい》豆《ず》ではなく、パルキア、ハイビスカス、バオバブの種《たね》を使《つか》った納《なっ》豆《とう》もあります。

納《なっ》豆《とう》の歴《れき》史《し》は、豆《まめ》の歴《れき》史《し》でもあります。日《に》本《ほん》では、1万《まん》年《ねん》以《い》上《じょう》前《まえ》の縄《じょう》文《もん》時《じ》代《だい》から大《だい》豆《ず》を育《そだ》てていた証《しょう》拠《こ》が発《はっ》見《けん》されています。豆《まめ》は古《ふる》くから人《じん》類《るい》の主《しゅ》食《しょく》とされてきたのです。

衝撃《しょうげき》の事実《じじつ》！

枝豆《えだまめ》と大豆《だいず》は同《おな》じ植物《しょくぶつ》。熟《じゅく》す前《まえ》の緑色《みどりいろ》のときに枝《えだ》ごと収穫《しゅうかく》したら枝豆《えだまめ》になる

インドネシアのじゃんけんはゾウ、人間《にんげん》、アリ

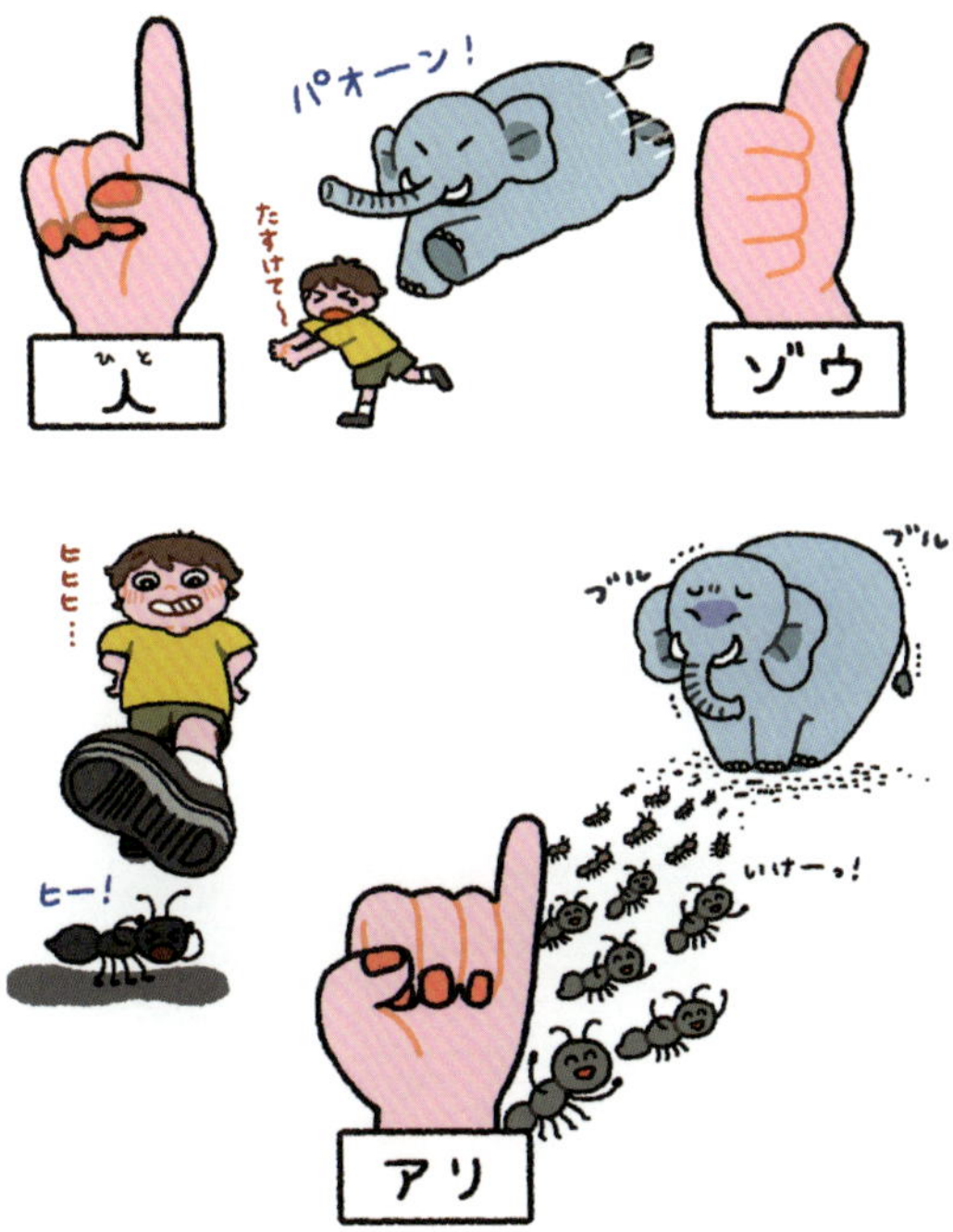

じゃんけんは、40以上《いじょう》の国《くに》で親《した》しまれています。

その起源《きげん》は、中国《ちゅうごく》から伝《つた》わった虫拳《むしけん》だと言《い》われています。中国《ちゅうごく》には古《ふる》くから「三《さん》すくみ」の考《かんが》え方《かた》があり、元《もと》はヘビ、カエル、ナメクジを表《あらわ》していました。それが江戸時代《えどじだい》に日本《にほん》で、石《いし》、はさみ、紙《かみ》で戦《たたか》う石拳《いしけん》に変化《へんか》。そして明治以降《めいじいこう》、日本《にほん》から世界中《せかいじゅう》に広《ひろ》まったと考《かんが》えられています。

一方《いっぽう》、インドネシアなど一部《いちぶ》の国《くに》では、**ゾウ、人間《にんげん》、アリが戦《たたか》うなど、その国独自《くにどくじ》のアレンジが加《くわ》えられています**。ベトナムでは、金《かな》づち、はさみ、袋《ふくろ》に加《くわ》えて、ダイナマイトというすべてを無《む》に帰《き》す最強手《さいきょうて》もあり。遊《あそ》びには、その国《くに》の文化《ぶんか》が表《あらわ》れます。

衝撃《しょうげき》の事実《じじつ》!

インドネシアでアリがゾウに勝《か》つのは、耳《みみ》の中《なか》に大量《たいりょう》に入《はい》って殺《ころ》すからだそう

世界《せかい》一《いち》武器《ぶき》を輸入《ゆにゅう》しているのはカタール

やばい

世《せ》界《かい》には10億丁《おくちょう》以上《いじょう》の銃《じゅう》があります。ほかにもミサイルや戦《せん》闘機《とうき》など、毎日《まいにち》大量《たいりょう》の武器《ぶき》が作《つく》られ、国《くに》の間《あいだ》で売買《ばいばい》されています。

ストックホルム国際《こくさい》平和《へいわ》研究所《けんきゅうしょ》の調査《ちょうさ》によると、2022年《ねん》に世界《せかい》でいちばん武器《ぶき》を輸入《ゆにゅう》したのは、中東《ちゅうとう》にあるカタールでした。国土面積《こくどめんせき》は、秋田県《あきたけん》よりやや小《ちい》さいくらいですが、33億《おく》4200万《まん》ドル（約《やく》4680億《おく》円《えん》）もの武器《ぶき》を買《か》っています。

カタールは、石油《せきゆ》や天然《てんねん》ガスなどの資源《しげん》が豊富《ほうふ》で、経済的《けいざいてき》に豊《ゆた》かな国《くに》です。一方《いっぽう》で、イランやサウジアラビアなど、軍事力《ぐんじりょく》の強《つよ》い国々《くにぐに》に囲《かこ》まれています。そのため**最新《さいしん》の兵器《へいき》をそろえて、国《くに》を守《まも》っている**のです。

もっと知《し》りたい！

武器輸出国《ぶきゆしゅつこく》ランキング※は、アメリカ1位《い》、フランス2位《い》、ロシア3位《い》

※2019～2023年《ねん》

サウジアラビアと日本《にほん》は超《ちょう》なかよし

人《にん》気《き》漫画《まんが》『ドラゴンボール』のテーマパークの建設《けんせつ》が、サウジアラビアで進《すす》んでいます。

サウジでは、日本《にほん》の漫画《まんが》やアニメが大人気《だいにんき》。80年代《ねんだい》から『キャプテン翼《つばさ》』などのアニメがテレビで放映《ほうえい》されており、日本《にほん》の文化《ぶんか》に親《した》しみを持《も》つ人《ひと》が多《おお》くいます。

両国《りょうこく》の国交《こっこう》が始《はじ》まったのは、1955年《ねん》。現在《げんざい》、日本《にほん》はサウジから毎年《まいとし》4兆円《ちょうえん》近《ちか》い石油《せきゆ》や石油製品《せきゆせいひん》を輸入《ゆにゅう》しています。一方《いっぽう》で、**日本《にほん》はサウジの工場《こうじょう》や学校《がっこう》でものづくりの技術《ぎじゅつ》を教《おし》えたり、海水《かいすい》から真水《まみず》をつくる淡《たん》水化事業《すいかじぎょう》に協力《きょうりょく》したり**しています。

アニメ人気《にんき》の下地《したじ》には、長年《ながねん》にわたる両国《りょうこく》の友好関係《ゆうこうかんけい》があるのです。

もっと知《し》りたい！

サウジアラビアは「サウド家《け》のアラビア」の意味《いみ》。サウド王家《おうけ》が国《くに》を支配《しはい》する

フィリピンには海《うみ》に浮《う》かぶ家《いえ》がある

なるほど

すてきなおうち！

フィリピンの南部《なんぶ》に、スールー諸島《しょとう》という958の小島《こじま》が連《つら》なった地域《ちいき》があります。

そこでくらすサマ・ディラウトとよばれる人々《ひとびと》の家《いえ》は、海《うみ》に浮《う》かぶ船《ふね》。**船《ふね》の上《うえ》で寝《ね》起《お》きしながら、漁《りょう》でとれた海産物《かいさんぶつ》を売《う》ってくらしています**。

また、トルコには、カッパドキアという奇妙《きみょう》な形《かたち》の岩《いわ》が立《た》ち並《なら》ぶ場所《ばしょ》があります。その岩《いわ》や山《やま》の斜面《しゃめん》をくり抜《ぬ》いた洞窟《どうくつ》の中《なか》でくらす人々《ひとびと》もいます。一方《いっぽう》、カナダ北部《ほくぶ》でくらすイヌイットの家《いえ》は、雪《ゆき》でつくったドーム。アザラシを狩《か》りながら、数日《すうじつ》ごとに移動《いどう》して生活《せいかつ》しています。

家《いえ》からは、そこでくらす人々《ひとびと》の生《せい》活《かつ》や仕事《しごと》、自然環境《しぜんかんきょう》が見《み》えてきます。

もっと知《し》りたい！

世界一大《せかいいちおお》きな家《いえ》はブルネイ国王《こくおう》の宮殿《きゅうでん》。1788の部屋《へや》や257の浴室《よくしつ》がある

イスラム教《きょう》徒《と》がいちばん多《おお》いのはインドネシア

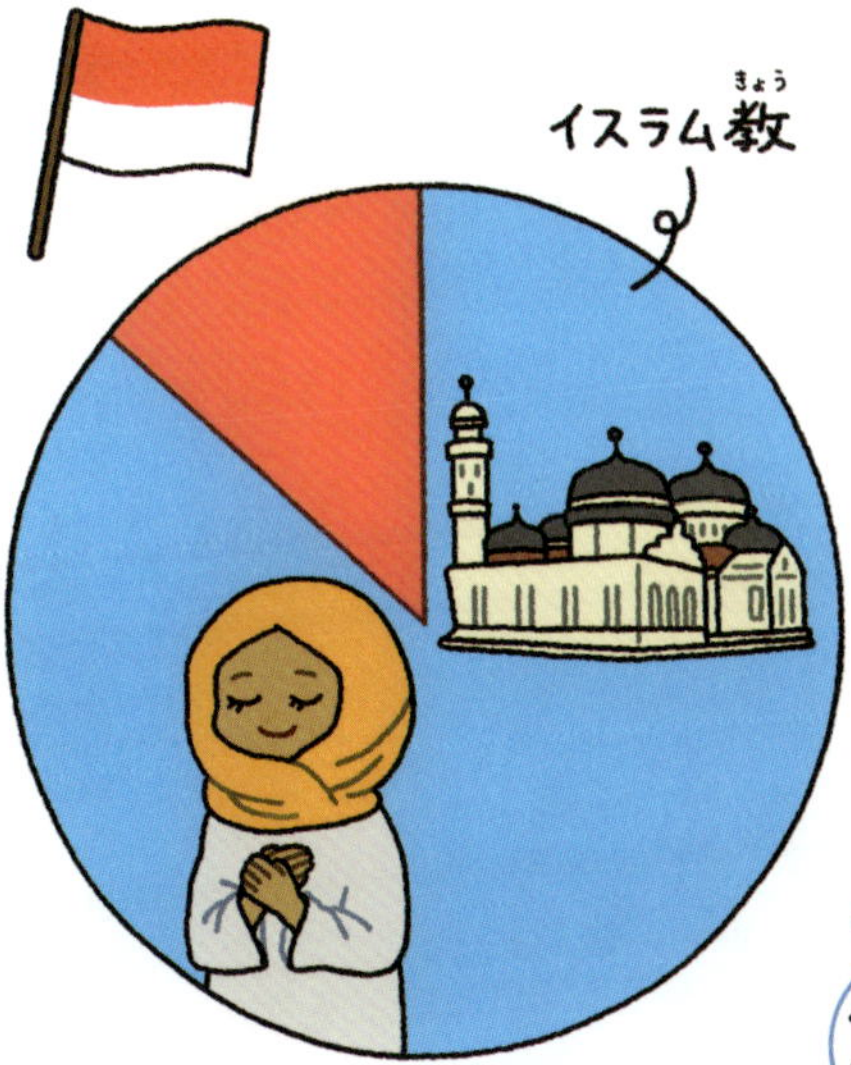

イスラム教《きょう》というと、中東《ちゅうとう》の国々《くにぐに》であつく信仰《しんこう》されているイメージがあります。でも、信者数《しんじゃすう》が世界一多《せかいいちおお》いのはインドネシア。**なんと、総人口《そうじんこう》の約《やく》87%（2・3億《おく》人《にん》）がイスラム教徒《きょうと》**です。

インドネシアに伝《つた》わったのは、13世紀頃《せいきごろ》。アラビアの商人《しょうにん》たちが、アジアの国々《くにぐに》と活発《かっぱつ》に貿易《ぼうえき》を進《すす》めたことで、イスラム教《きょう》が広《ひろ》まりました。

イスラム教徒《きょうと》の女性《じょせい》は、ヒジャブという真《ま》っ黒《くろ》な布《ぬの》で顔《かお》を隠《かく》しますが、インドネシアのヒジャブは、カラフルで柄物《がらもの》もあってオシャレ。また、イスラム教《きょう》では禁止《きんし》されているお酒《さけ》もかんたんに手《て》に入《はい》るなど、いろいろとご当地流《とうちりゅう》に変《か》わっています。

もっと知《し》りたい！

日本《にほん》でくらすイスラム教徒《きょうと》は約《やく》23万人《まんにん》。礼拝所《れいはいじょ》（モスク）の数《かず》は20年《ねん》で7倍《ばい》に

中国《ちゅうごく》には2種類《しゅるい》のパンダがいる

動《どう》物園《ぶつえん》の人気者《にんきもの》ジャイアントパンダは、野生《やせい》では中国《ちゅうごく》の山間《さんかん》部《ぶ》にしかいません。野生《やせい》の生息数《せいそくすう》はわずか1900頭《とう》ほど※です。

パンダは800万年以上前《まんねんいじょうまえ》からいることがわかっています。ところが最近《さいきん》になり、パンダが2種類《しゅるい》いることがわかりました。**1つは四川《しせん》パンダ、もう1つは秦嶺《しんれい》パンダ**です。

パンダは漢字《かんじ》で「熊猫《くまねこ》」と書《か》きます。四川《しせん》パンダは頭《あたま》が大《おお》きく、より熊《くま》っぽい見《み》た目《め》。秦嶺《しんれい》パンダは、頭《あたま》が丸《まる》くて口《くち》が小《ちい》さく、より猫《ねこ》っぽい見《み》た目《め》なのだとか。ちなみに、上野《うえの》動物園《どうぶつえん》のパンダは四川《しせん》派《は》です。

貴重《きちょう》なパンダは、国際交流《こくさいこうりゅう》などの目的《もくてき》で世界中《せかいじゅう》に貸《か》し出《だ》されています。

※2024年時点《ねんじてん》

衝撃《しょうげき》の事実《じじつ》！

日本《にほん》にいるパンダも期間限定《きかんげんてい》で借《か》りている。レンタル料《りょう》は2頭《とう》で年間約《ねんかんやく》1億円《おくえん》

芸《げい》術《じゅつ》家《か》が勝《かっ》手《て》に作《つく》った国《くに》がある

ヨーロッパのリトアニアの中《なか》には、ウジュピス共和国《きょうわこく》という国《くに》があります。1997年《ねん》に、ウジュピス地区《ちく》に住《す》んでいた芸術家《げいじゅつか》たちが、**勝手《かって》に独立《どくりつ》を宣言《せんげん》し、国《くに》を作《つく》ってしまった**のです。

人口《じんこう》は7000人《にん》ほど。多《おお》くは、芸術《げいじゅつ》詩人《しじん》、音楽家《おんがくか》、映画監督《えいがかんとく》など、芸術《げいじゅつ》活動《かつどう》をしています。独自《どくじ》の法律《ほうりつ》はありませんが、「だれにも猫《ねこ》を愛《あい》し、世《せ》話《わ》をする権利《けんり》がある」「だれもが自《じ》分《ぶん》の名前《なまえ》を覚《おぼ》える義務《ぎむ》がある」「だれにも泣《な》く権利《けんり》がある」など、芸術《げいじゅつ》の国《くに》らしいユニークな憲法《けんぽう》があります。

勝手《かって》に作《つく》った国《くに》なので、国連《こくれん》からは正式《せいしき》な国《くに》として認《みと》められておらず、パスポートがなくても入《はい》れます。

もっと知《し》りたい！

毎年《まいとし》4月1日《がつついたち》だけ、ウジュピス国内《こくない》で使《つか》えるお金《かね》を発行《はっこう》。買《か》うこともできる

水道水《すいどうすい》が安全《あんぜん》に飲《の》める国《くに》は世界《せかい》に11しかない

水道《すいどう》の蛇口《じゃぐち》をひねれば、安心《あんしん》して飲《の》める水《みず》が無限《むげん》に出《で》てくる。それは別《べつ》の国《くに》の人《ひと》からすれば、お金《かね》が無限《むげん》に出《で》てくるのと同《おな》じくらいすごいことのようです。

じつは、安全《あんぜん》な水《みず》をいつでも飲《の》める国《くに》は世界《せかい》に11か国《こく》しかありません。フィンランドなどのヨーロッパ諸国《しょこく》、ニュージーランド、そして日本《にほん》です。アメリカでさえ、一部《いちぶ》の地域《ちいき》では注意《ちゅうい》が必要《ひつよう》と言《い》われています。

一方《いっぽう》、**世界《せかい》では36億人《おくにん》（全人口《ぜんじんこう》の約《やく》4割《わり》）が水不足《みずぶそく》になやまされています**。とくにサハラより南《みなみ》のアフリカの国《くに》は深刻《しんこく》で、毎日《まいにち》8時間《じかん》かけて池《いけ》や川《かわ》から水《みず》をくんでくることもあります。もしも日本《にほん》の最低賃金《さいていちんぎん》では

たらいた場合《ばあい》、1日《にち》8000円《えん》以上《いじょう》はらって水《みず》を得《え》ている計算《けいさん》です。

安全《あんぜん》な水《みず》の不足《ふそく》は、飢《う》えだけでなく、感染症《かんせんしょう》の拡大《かくだい》や紛争《ふんそう》など、多《おお》くの問題《もんだい》を引《ひ》き起《お》こします。このためSDGs（持続可能《じぞくかのう》な開発目標《かいはつもくひょう》）では、「2030年《ねん》までに、すべての人《ひと》が安全《あんぜん》で安価《あんか》な水《みず》を得《え》られること」をゴールの1つに掲《かか》げています。

すごい！日本《にほん》の水道水《すいどうすい》

水道水《すいどうすい》は、主《おも》に河川《かせん》の水《みず》から採水《さいすい》され、浄水場《じょうすいじょう》でろ過《か》・殺菌《さっきん》されてから塩素消毒《えんそしょうどく》が行《おこな》われます。日本《にほん》の水道水《すいどうすい》は、水質基準《すいしつきじゅん》が厳《きび》しく、そのまま飲《の》んでも健康上《けんこうじょう》の問題《もんだい》はありません。

もっと知《し》りたい！

海水《かいすい》をろ過《か》して飲用水《いんようすい》や生活用水《せいかつようすい》に利用《りよう》できるようにする技術《ぎじゅつ》は、日本《にほん》が世界一《せかいいち》

世界《せかい》では6秒《びょう》に1人《ひとり》ずつ子《こ》どもが命《いのち》を落《お》とす

日《に》本《ほん》には0～4歳《さい》までの乳幼児《にゅうようじ》が約《やく》400万人《まんにん》います。うち500人《にん》に1人《ひとり》が、病気《びょうき》などで5歳《さい》になる前《まえ》に命《いのち》を落《お》としています。

これは、とても低《ひく》い確率《かくりつ》です。**全《ぜん》世界《せかい》では、毎年《まいとし》26人《にん》に1人《ひとり》が5歳《さい》まで生《い》きられません。**年間《ねんかん》死者数《ししゃすう》を時間《じかん》で割《わ》ると、約《やく》6秒《びょう》に1人《ひとり》が命《いのち》を落《お》としている計算《けいさん》になります。

その原因《げんいん》は大《おお》きく2つ。1つは、安全《あんぜん》に出産《しゅっさん》できる環境《かんきょう》がなく、早産《そうざん》や出産時《しゅっさんじ》の事故《じこ》で命《いのち》を落《お》とす場合《ばあい》。

もう1つは、肺炎《はいえん》やマラリアなどの感染症《かんせんしょう》です。こうした感染症《かんせんしょう》は、ワクチン接種《せっしゅ》で防《ふせ》げます。しかし開発途上国《はってんとじょうこく》では、全員《ぜんいん》に打《う》つだけのお金《かね》も、治療設備《ちりょうせつび》も足《た》らないのです。

衝撃《しょうげき》の事実《じじつ》！

14世紀《せいき》ペストの流行時《りゅうこうじ》は5000万人《まんにん》以上《いじょう》（当時《とうじ》の全人口《ぜんじんこう》4分《ぶん》の1）が死《し》んだ

毎日《まいにち》860万回《まんかい》の雷《かみなり》が落《お》ちている

日《に》本列島《ほんれっとう》やその近海《きんかい》では、1年《ねん》間《かん》に約《やく》370万回《まんかい》近《ちか》くもの落《らく》雷《らい》が記録《きろく》されています。でもこれは、世界《せかい》で起《お》こる落雷《らくらい》の半日分《はんにちぶん》にも及《およ》びません。**世界《せかい》では毎日約《まいにちやく》860万回《まんかい》、1年間《ねんかん》で31億回《おくかい》を超《こ》える落雷《らくらい》がある**のです。年間《ねんかん》200日《にち》の落雷《らくらい》があるマレーシアを中心《ちゅうしん》に、世界中《せかいじゅう》で雷《かみなり》の防災対策《ぼうさいたいさく》が行《おこな》われています。

雷《かみなり》は「神鳴《かみな》り」とも書《か》かれ、世《せ》界中《かいじゅう》で神《かみ》の化身《けしん》と考《かんが》えられてきました。ギリシャ神話《しんわ》では最高神《さいこうしん》ゼウス、バラモン教《きょう》では軍神《ぐんしん》インドラが雷《かみなり》を操《あやつ》ると伝《つた》えられています。日本《にほん》では豊作《ほうさく》をもたらす吉兆《きっちょう》とされ、雷《かみなり》が多《おお》い年《とし》は稲《いね》が子《こ》を宿《やど》すようによく育《そだ》つため「稲妻《いなずま》」とよばれました。

もっと知《し》りたい！

過去最長《かこさいちょう》の雷《かみなり》は708km。太平洋《たいへいよう》からブラジルを通《とお》りアルゼンチンまで届《とど》いた

伝説《でんせつ》の学者《がくしゃ》

400年《ねん》以上《いじょう》使《つか》われる世界地図《せかいちず》を作《つく》った

ゲラルドゥス・メルカトル さん

（1512〜1594年《ねん》）

ベルギーの地理学者《ちりがくしゃ》。大学《だいがく》で幾何学《きかがく》や天文学《てんもんがく》を学《まな》んだ後《あと》、地球儀《ちきゅうぎ》や天球儀《てんきゅうぎ》を制作《せいさく》。1569年《ねん》に、メルカトル図法《ずほう》による世界地図《せかいちず》を発表《はっぴょう》した。

メルカトルは、地図製作《ちずせいさく》のために各地《かくち》を旅行《りょこう》して情報《じょうほう》を集《あつ》めた。これが宗教《しゅうきょう》の教《おし》えに背《そむ》く「異端《いたん》」とみなされ、7か月《げつ》ほど牢《ろう》に入《い》れられたんだ。

メルカトルの地図《ちず》には、航海士《こうかいし》の話《はなし》をもとに作《つく》られた部分《ぶぶん》もある。地図《ちず》には、巨人《きょじん》や人食《ひとく》い族《ぞく》などの怪物《かいぶつ》や未確認《みかくにん》の動物《どうぶつ》なども描《か》かれている。

世《せ》界地図《かいちず》には、40種類《しゅるい》以上《いじょう》の描《か》き方《かた》があるよ。わたしたちがよく目《め》にする世界地図《せかいちず》は「メルカトル図法《ずほう》」で作《つく》られたものなんだ。

メルカトルが生《う》まれた大航海時代《だいこうかいじだい》、ヨーロッパの国々《くにぐに》は、競《きそ》うようにアジアやアメリカに進出《しんしゅつ》していた。でも昔《むかし》の航海《こうかい》図《ず》は、不正確《ふせいかく》で遭難《そうなん》も多《おお》かった。とくに遠距離《えんきょり》になるほど、進行方向《しんこうほうこう》の角度《かくど》が少《すこ》しずれただけで、目的地《もくてきち》から大《おお》きく遠《とお》ざかってしまう。

そこでメルカトルは、緯度《いど》と経度《けいど》が直《ちょっ》角《かく》に交《まじ》わる世界地図《せかいちず》を作《つく》った。おかげで正確《せいかく》な角度《かくど》で航路《こうろ》を計算《けいさん》できるようになり、貿易《ぼうえき》も発展《はってん》したんだ。

じつは「国《くに》の代表《だいひょう》」なんです！

クイズ

日本《にほん》を代表《だいひょう》
する動物《どうぶつ》は?

①ネコ　②サル　③キジ

クイズの答《こた》え：③

第《だい》5章《しょう》

知《し》れば知《し》るほど好《す》きになる仕《し》事《ごと》のひみつ

昔《むかし》の消《しょう》防《ぼう》士《し》は家《いえ》をぶち壊《こわ》していた

家《いえ》を守《まも》るために火《ひ》を消《け》すのではなく、**火《ひ》を消《け》すために家《いえ》を壊《こわ》した**のです。

これは屁理屈《へりくつ》ではありません。江《え》戸《ど》の町《まち》では、なんと3年《ねん》に一度《いちど》のペースで、町《まち》の大半《たいはん》が焼《や》き尽《つ》くされる火事《かじ》が起《お》きていました。なかでも明《めい》暦《れき》の大火《たいか》では、10万《まん》を超《こ》える死者《ししゃ》が発生《はっせい》。当時《とうじ》は、化学的《かがくてき》な消火設備《しょうかせつび》もなく、**木造《もくぞう》の家《いえ》が密集《みっしゅう》していたため、一度《いちど》家《いえ》に火《ひ》がつくと、瞬《また》く間《ま》に町全《まちぜん》体《たい》に燃《も》え広《ひろ》がってしまった**のです。

そこで江戸《えど》の火消《ひけ》したちは、火事《かじ》が発生《はっせい》すると、そのまわりの家々《いえいえ》を大刺股《おおさすまた》などで粉々《こなごな》に壊《こわ》しました。

こうして火《ひ》が燃《も》え移《うつ》るのを防《ふせ》ぎ、自然《しぜん》に消《き》えるのを待《ま》ったのです。

意外《いがい》なカンケイ

江戸《えど》の町《まち》には、火消《ひけ》しが1万人以上《まんにんいじょう》いて、約《やく》5人《にん》に1人《ひとり》が火消《ひけ》しだったという

「交代《こうたい》で番《ばん》をする所《ところ》」だから交番《こうばん》

警《けい》察官《さつかん》が勤《つと》める交番《こうばん》は、全国《ぜんこく》に約《やく》6200か所《しょ》あります。

そして、**江戸時代《えどじだい》にも「番屋《ばんや》」とよばれる施設《しせつ》が、2、300ほどありました。**番屋《ばんや》は、火事《かじ》や犯罪《はんざい》から町《まち》を守《まも》る自警団《じけいだん》が集《あつ》まる詰所《つめしょ》のこと。

その頃《ころ》から「三廻《さんかい》」と言《い》って、町《まち》の治安《ちあん》を守《まも》る幕府《ばくふ》の仕事《しごと》はありました。しかし、人手《ひとで》が足《た》らなかったため、町人《ちょうにん》たちが交代《こうたい》で番屋《ばんや》に集《あつ》まり、警備《けいび》にあたっていたのです。

その後《ご》、明治《めいじ》7年《ねん》に警視庁《けいしちょう》が誕生《たんじょう》。日本初《にほんはつ》の交番《こうばん》が作《つく》られます。当時《とうじ》、警察官《けいさつかん》は交代《こうたい》で街角《まちかど》に立《た》って警備《けいび》をしていました。そのため「交代《こうたい》で番《ばん》をする所《ところ》」という意味《いみ》で、「交番《こうばん》」と名《な》づけられたのです。

もっと知《し》りたい！

警察官《けいさつかん》がいない「空《あ》き交番《こうばん》」ではテレビ電話《でんわ》で警察署《けいさつしょ》に直接通報《ちょくせつつうほう》することもある

文豪《ぶんごう》は本当《ほんとう》の名前《なまえ》を知《し》られていない

平《へい》安時代《あんじだい》に、世界最古《せかいさいこ》の長編小説《ちょうへんしょうせつ》とされる『源氏物語《げんじものがたり》』を書《か》いた紫式部《むらさきしきぶ》。じつは、**日本《にほん》で初《はじ》めてペンネームを使《つか》った人《ひと》**です。紫《むらさき》式部《しきぶ》は、源氏物語《げんじものがたり》のヒロインの紫《むらさき》の上《うえ》と、父親《ちちおや》の役職《やくしょく》の式部丞《しきぶのじょう》を組《く》み合《あ》わせて作《つく》った名前《なまえ》なのです。

ペンネームは、明治《めいじ》から昭和《しょうわ》の作《さっ》家《か》の多《おお》くが用《もち》いました。たとえば、夏目漱石《なつめそうせき》は夏目金之助《なつめきんのすけ》、与謝野晶子《よさのあきこ》は与謝野《よさの》志《し》やう、江戸川乱歩《えどがわらんぽ》は平井《ひらい》太郎《たろう》、三島由紀夫《みしまゆきお》は平岡公威《ひらおかきみたけ》が本名《ほんみょう》。

ペンネームを用《もち》いたのは、昭和中《しょうわちゅう》期《き》まで「小説《しょうせつ》を書《か》くことは道楽《どうらく》」とまわりから快《こころよ》く思《おも》われなかった時《じ》代背景《だいはいけい》があります。今《いま》はこの偏見《へんけん》もなくなり、実名《じつめい》の作家《さっか》が多《おお》くいます。

豆知識《まめちしき》

三島由紀夫《みしまゆきお》の名《な》は、列車《れっしゃ》の中《なか》から見《み》えた三島駅《みしまえき》と富士山《ふじさん》の雪《ゆき》から恩師《おんし》がつけた

日本《にほん》で初《はじ》めて空《そら》を飛《と》んだ人《ひと》は妖怪《ようかい》だと思《おも》われた

やばい

その名《な》を浮田幸吉《うきたこうきち》と言《い》います。ライト兄弟《きょうだい》が、世界初《せかいはつ》の動力《どうりょく》飛行《ひこう》を成功《せいこう》させる100年以上前《ねんいじょうまえ》に、人力《じんりき》で空《そら》を飛《と》んだのです。

江戸中期《えどちゅうき》に岡山《おかやま》で生《う》まれた浮田《うきた》は、時間《じかん》ができるといつも鳥《とり》を観察《かんさつ》していました。鳥《とり》が自由《じゆう》に空《そら》を飛《と》べる仕《し》組《く》みを知《し》りたかったからです。

やがて、**ふすまや障子《しょうじ》をつくる表《ひょう》具師《ぐし》になった浮田《うきた》は、木《き》と紙《かみ》を使《つか》って人間用《にんげんよう》の翼《つばさ》を制作《せいさく》**。28歳《さい》のとき、ついに橋《はし》の上《うえ》から羽《は》ばたきました。

しかし河原《かわら》で涼《すず》んでいた人《ひと》は浮田《うきた》を見《み》て「天狗《てんぐ》だ！」と大騒《おおさわ》ぎ。最後《さいご》は役人《やくにん》にとらえられ、浮田《うきた》は岡山《おかやま》から追《お》い出《だ》されてしまいました。この発明《はつめい》は新《あたら》しすぎたのかもしれません。

もっと知《し》りたい！

その後《ご》、静岡《しずおか》に移《うつ》り住《す》んだ浮田《うきた》は入《い》れ歯技師《ばぎし》となり、高《たか》い技術力《ぎじゅつりょく》で名声《めいせい》を得《え》た

+もっと知《し》りたい

「日本初《にほんはつ》」の挑戦者《ちょうせんしゃ》たち

どんな物事《ものごと》にも、初《はじ》めてそれを考《かんが》えたり、行動《こうどう》したりした人《ひと》がいて、わたしたちのくらしは発展《はってん》してきました。そんな「日本初《にほんはつ》」の挑戦者《ちょうせんしゃ》をご紹介《しょうかい》します。

日本初《にほんはつ》の『世界一周《せかいいっしゅう》』を達成《たっせい》

津太夫《つだゆう》

江戸時代《えどじだい》の船乗《ふなの》り。49歳《さい》で航海中《こうかいちゅう》に嵐《あらし》にあい、ロシアに流《なが》れ着《つ》きます。9年後《ねんご》にロシアの外交官《がいこうかん》とともに航海《こうかい》に出発《しゅっぱつ》。イギリス、ブラジル、ハワイなどを通《とお》り、52歳《さい》で世界《せかい》を一周《いっしゅう》して日本《にほん》に帰《かえ》りました。

日本初《にほんはつ》の『全身麻酔手術《ぜんしんますいしゅじゅつ》』に成功《せいこう》

華岡青洲《はなおかせいしゅう》

江戸末期《えどまっき》の外科医《げかい》。チョウセンアサガオを原料《げんりょう》とした麻酔薬《ますいやく》「通仙散《つうせんさん》」を完成《かんせい》させ、1804年《ねん》に世界《せかい》で初《はじ》めて、全身麻酔《ぜんしんますい》による乳《にゅう》がんの手術《しゅじゅつ》を成功《せいこう》させました。

日本初《にほんはつ》の『百科事典《ひゃっかじてん》』を制作《せいさく》

西周《にしあまね》

明治初期《めいじしょき》の哲学者《てつがくしゃ》。34歳《さい》でオランダに留学《りゅうがく》した後《あと》、東京大学《とうきょうだいがく》の前身《ぜんしん》である開成所《かいせいじょ》の教授《きょうじゅ》になりました。私塾《しじゅく》での講義内容《こうぎないよう》をまとめた『百学連環《ひゃくがくれんかん》』は、政治《せいじ》や数学《すうがく》など様々《さまざま》な学問《がくもん》について解説《かいせつ》されており、日本初《にほんはつ》の百科事典《ひゃっかじてん》と言《い》われています。

日本初《にほんはつ》の「レコード歌手《かしゅ》」として活躍《かつやく》

佐藤千夜子《さとうちやこ》

昭和初期《しょうわしょき》に活躍《かつやく》した歌手《かしゅ》。東京音楽学校《とうきょうおんがくがっこう》（現《げん》・東京藝術大学《とうきょうげいじゅつだいがく》）を卒業後《そつぎょうご》、1928年《ねん》に日本《にほん》ビクターから「波浮《はぶ》の港《みなと》」を発売《はつばい》。日本《にほん》初《はつ》のレコード歌手《かしゅ》となります。翌年発表《よくとしはっぴょう》した「東京行進曲《とうきょうこうしんきょく》」は25万枚《まんまい》の大《だい》ヒット。わずか3年《ねん》の活動《かつどう》で60曲以上《きょくいじょう》を発表《はっぴょう》しました。

日本初《にほんはつ》の『女性国会議員《じょせいこっかいぎいん》』に就任《しゅうにん》

園田天光光《そのだてんこうこう》

昭和《しょうわ》の政治家《せいじか》。戦後《せんご》、道端《みちばた》で餓《う》え死《じ》にする人《ひと》たちの姿《すがた》にショックを受《う》け、餓死《がし》をなくすための街頭演説《がいとうえんぜつ》を開始《かいし》。26歳《さい》のとき、衆議院選挙《しゅうぎいんせんきょ》に当選《とうせん》し、日本初《にほんはつ》の女性国会《じょせいこっかい》議員《ぎいん》となりました。食糧問題《しょくりょうもんだい》に取《と》り組《く》んだほか、国会《こっかい》に授乳室《じゅにゅうしつ》を設《もう》けるなどしました。

新《しん》聞《ぶん》社《しゃ》ではハトを飼《か》っていた

すごい

今《いま》ならパソコンやスマートフォンを使《つか》えば、かんたんにテキストや写真《しゃしん》、映像《えいぞう》を送《おく》れます。

しかし、まだインターネットすらなかった時代《じだい》、新聞社《しんぶんしゃ》の記者《きしゃ》は、いかに早《はや》く事件《じけん》や事故《じこ》の内容《ないよう》を現場《げんば》から伝《つた》えるか、なやんでいました。

そこで使《つか》ったのが、ハトです。ハトには、遠《とお》くはなれた場所《ばしょ》からでも、自分《じぶん》の巣《す》に帰《かえ》れる能力《のうりょく》があります。

新聞社《しんぶんしゃ》は、社内《しゃない》で数百羽《すうひゃくわ》のハトを飼育《しいく》。事件《じけん》や事故《じこ》が起《お》こったら現場《げんば》に連《つ》れていきました。そして**取材《しゅざい》メモやフィルムを足《あし》に結《むす》びつけて空《そら》に放《はな》ち、新聞社《しんぶんしゃ》に速報《そくほう》を送《おく》った**のです。

伝書《でんしょ》バトたちは、明治《めいじ》から昭和中《しょうわちゅう》期《き》まで活躍《かつやく》したと記録《きろく》されています。

衝撃《しょうげき》の事実《じじつ》！

イギリスのロンドンからフランスのパリまで6〜7時間《じかん》かけて帰《かえ》った伝書《でんしょ》バトもいる

内科医《ないかい》が手術《しゅじゅつ》しても法律違反《ほうりついはん》にはならない

薬《くすり》で治《なお》せる病気《びょうき》は内科医《ないかい》、手術《しゅじゅつ》が必要《ひつよう》な病気《びょうき》は、外科医《げかい》に診《み》てもらうのが普通《ふつう》です。

でも科《か》によって、医療行為《いりょうこうい》に制限《せいげん》があるわけではありません。**医師免許《いしめんきょ》さえあれば、内科医《ないかい》が胃《い》や腸《ちょう》の手術《しゅじゅつ》をしても違反《いはん》にはならない**のです。

ただし実際《じっさい》は、一人《ひとり》の医師《いし》がすべての治療《ちりょう》を行《おこな》うことはありません。免許《めんきょ》を取《と》った後《あと》は、希望《きぼう》する診療科《しんりょうか》で研修医《けんしゅうい》としてはたらき、その後《ご》は専門医《せんもんい》として治療《ちりょう》にあたります。

医療行為《いりょうこうい》に制限《せいげん》がない一方《いっぽう》で、診療科《しんりょうか》の名前《なまえ》にはルールがあります。たとえば「整形内科《せいけいないか》」や「心療外科《しんりょうげか》」など、医学的《いがくてき》に不合理《ふごうり》な（道理《どうり》が合《あ》わない）名前《なまえ》は認《みと》められません。

意外《いがい》なカンケイ

医師《いし》のはたらき方《かた》には常勤《じょうきん》と非常勤《ひじょうきん》がある。非常勤《ひじょうきん》は複数《ふくすう》の病院《びょういん》をかけもちする

コック帽《ぼう》が長《なが》いのは頭《あたま》がむれるのを防《ふせ》ぐため

多《おお》くの料理人《りょうりにん》は、帽子《ぼうし》やバンダナで頭《あたま》をおおっています。

これは、**食《た》べ物《もの》に髪《かみ》の毛《け》が落《お》ちるのを防《ふせ》ぐため**。どんなに清潔《せいけつ》な人《ひと》でも髪《かみ》には雑菌《ざっきん》がついています。髪《かみ》の毛《け》が食《た》べ物《もの》に落《お》ちて雑菌《ざっきん》が増《ふ》えると、食中毒《しょくちゅうどく》になるおそれがあるのです。

なかでもフランス料理《りょうり》や中華料理《ちゅうかりょうり》の料理人《りょうりにん》は、背《せ》の高《たか》いコック帽《ぼう》をかぶっています。

コック帽《ぼう》はフランス生《う》まれ。長《なが》い帽子《ぼうし》でシェフの存在感《そんざいかん》を示《しめ》したなど、誕生《たんじょう》のいわれはいろいろあります。

その後《ご》、空間《くうかん》が広《ひろ》くてむれにくいことから、炒《いた》め物《もの》で火《ひ》をよく使《つか》う中《ちゅう》華《か》の料理人《りょうりにん》もコック帽《ぼう》をかぶるようになりました。

もっと知《し》りたい！

寿司職人《すししょくにん》が着《き》る作務衣《さむえ》は、僧侶《そうりょ》が作務《さむ》（掃除《そうじ》や薪割《まきわり》）を行《おこな》うための作業着《さぎょうぎ》だった

レールのゆがみは手《て》で直《なお》している

都《と》心《しん》では、総距離《そうきょり》195kmになる地下鉄《ちかてつ》が走《はし》っています。真夜中《まよなか》になると、このレールの一《いち》部《ぶ》に作業員《さぎょういん》が集《あつ》まります。レールのゆがみを直《なお》しているのです。

満員電車《まんいんでんしゃ》の重《おも》さは1両約《りょうやく》40t。日《ひ》に数百回《すうひゃくかい》も走行《そうこう》するとレールが押《お》しつぶされ、事故《じこ》の原因《げんいん》になります。

そこで作業員《さぎょういん》は、レールの左右《さゆう》の高《たか》さを測《はか》りズレがないかをチェック。ゆがみがある場合《ばあい》は、なんと手作業《てさぎょう》で高《たか》さを直《なお》します。ジャッキでへこんだ部分《ぶぶん》をわずかに持《も》ち上《あ》げ、薄《うす》い板《いた》をはさんで高《たか》さを調整《ちょうせい》するのです。**ひと晩《ばん》で直《なお》せる距離《きょり》は、わずか10m前後《ぜんご》**。地道《じみち》な作業《さぎょう》をくり返《かえ》して、乗客《じょうきゃく》の安全《あんぜん》を守《まも》っています。

もっと知《し》りたい！

東京《とうきょう》メトロの路線《ろせん》の色《いろ》は、日本庭園《にほんていえん》、タバコの包装《ほうそう》、オフィス街《がい》などがモチーフ

＋もっと知《し》りたい

世界《せかい》のレアなお仕事《しごと》

会社《かいしゃ》に勤《つと》めることだけが仕事《しごと》ではありません。仕事《しごと》は、自分《じぶん》で作《つく》れます。たとえば世界《せかい》には、こんなめずらしい仕事《しごと》もあります。

カナダ

レンタルどろぼう

スーパーや書店《しょてん》から頼《たの》まれて、万引《まんび》きをします。わざとつかまって、客《きゃく》の前《まえ》で怒《おこ》られることで、本物《ほんもの》のどろぼうに「この店《みせ》の商品《しょうひん》はぬすめない」と思《おも》わせるのが、ねらいです。

韓国《かんこく》

泣《な》き屋《や》

お葬式《そうしき》によばれて、亡《な》くなった人《ひと》の前《まえ》で泣《な》き叫《さけ》びます。進《すす》んで泣《な》くことで、ほかの人々《ひとびと》が、悲《かな》しみを素直《すなお》に表《あらわ》せるように手助《てだす》けをします。昔《むかし》は、激《はげ》しく泣《な》くほど、たくさんのお米《こめ》がもらえたそうです。

イギリス

ベッドウォーマー

ホテルの宿泊客《しゅくはくきゃく》が寝《ね》る少《すこ》し前《まえ》に、ベッドに入《はい》って中《なか》を温《あたた》める仕事《しごと》です。フリース製《せい》のスーツを着《き》て、ベッドの中《なか》が20°Cになるまで温《あたた》め、宿泊客《しゅくはくきゃく》が気持《きも》ちよく眠《ねむ》れるようにします。

世界中《せかいじゅう》

ゴルフボールダイバー

コース上《じょう》にある池《いけ》にもぐって、底《そこ》にしずんだゴルフボールを回収《かいしゅう》する仕事《しごと》です。潜水士《せんすいし》の国家資格《こっかしかく》が必要《ひつよう》。回収《かいしゅう》したボールは、ゴルフ場《じょう》やショップに買《か》い取《と》ってもらいます。年《ねん》に1000万円《まんえん》以上《いじょう》かせぐ人《ひと》もいます。

オーストラリア

アイランド・シッター

リゾート地《ち》の島《しま》に住《す》み、カメにえさをやったり、島《しま》の様子《ようす》をブログに書《か》いたりします。給料《きゅうりょう》は、半年間《はんとしかん》でなんと約《やく》900万円《まんえん》。この仕事自体《しごとじたい》が、世間《せけん》の注目《ちゅうもく》を集《あつ》め、お客《きゃく》を増《ふ》やすためのプロモーションの1つなのです。

日本《にほん》

臭《しゅう》気《き》測《そく》定《てい》士《し》

工場《こうじょう》や飲食店《いんしょくてん》などから出《で》る悪臭《あくしゅう》を調《しら》べる仕事《しごと》です。国家資格《こっかしかく》で、全国《ぜんこく》にまだ3000人《にん》ほどしかいません。自分《じぶん》の鼻《はな》や機械《きかい》で、臭《にお》いの強《つよ》さを測《はか》り、悪臭《あくしゅう》を出《だ》さないようにアドバイスを行《おこな》います。

投《な》げキッスでお金《かね》を動《うご》かす仕《し》事《ごと》があった

会《かい》社《しゃ》の名《な》前《まえ》の前《ぜん》後《ご》に「株《かぶ》式《しき》会《がい》社《しゃ》」という言《こと》葉《ば》がついていることがあります。これは「株《かぶ》式《しき》を発《はっ》行《こう》している会《かい》社《しゃ》」という意《い》味《み》です。

株《かぶ》式《しき》とは、会《かい》社《しゃ》を所《しょ》有《ゆう》する権《けん》利《り》のこと。会《かい》社《しゃ》は、「1株《かぶ》1万《まん》円《えん》」などの値《ね》段《だん》をつけた株《かぶ》券《けん》を大《たい》量《りょう》に売《う》ることで、まとまった資《し》金《きん》を得《え》られます。

一《いっ》方《ぽう》で、会《かい》社《しゃ》の経《けい》営《えい》に参《さん》加《か》したい人《ひと》は、株《かぶ》をたくさん買《か》えば、社《しゃ》長《ちょう》でなくとも経《けい》営《えい》に意《い》見《けん》したり、利《り》益《えき》を分《わ》けてもらったりできるのです。

株《かぶ》式《しき》は、今《いま》はネットを使《つか》ってだれでも売《ばい》買《ばい》できます。でも**昔《むかし》は、取《とり》引《ひき》所《じょ》にいる「場《ば》立《たち》人《にん》」を介《かい》して売《ばい》買《ばい》**していました。

場《ば》立《たち》人《にん》は、「A社《しゃ》の株《かぶ》を100株《かぶ》

買《か》う」など、客《きゃく》の注文《ちゅうもん》を取引所《とりひきじょ》に伝《つた》えます。しかし、たくさんの場立人《ばたちにん》が集《あつ》まって同時《どうじ》に注文《ちゅうもん》するので、声《こえ》がかき消《け》されてしまいます。

そのため**株《かぶ》の注文《ちゅうもん》は、手《て》サイン**で行《おこな》われていました。たとえば、トヨタ自動車《じどうしゃ》は「両手《りょうて》でハンドルをにぎる仕草《しぐさ》」、伊藤忠商事《いとうちゅうしょうじ》は「投《な》げキッスを送《おく》る」などして、どの会社《かいしゃ》の株《かぶ》を売買《ばいばい》するか伝《つた》えていたのです。

まだある！手《て》で買《か》う方法《ほうほう》

卸市場《おろししじょう》の「せり」では、今《いま》でも、買《か》いたい人《ひと》が手《て》の形《かたち》でものの値段《ねだん》を示《しめ》します。「せり」では、いちばん高《たか》く値《ね》を付《つ》けた人《ひと》にものを売《う》るので、だれがいくらで買《か》うか一目《ひとめ》でわかる必要《ひつよう》があります。

もっと知《し》りたい！

1999年《ねん》に株券売買立会場《かぶけんばいばいたちあいじょう》が閉鎖《へいさ》され、場立人《ばたちにん》という職業《しょくぎょう》もなくなった

ねずみちゅう鉄《てつ》という素材《そざい》がある

ふしぎ

自《じ》動車《どうしゃ》は、約《やく》3万個《まんこ》もの部品《ぶひん》でできています。身《み》のまわりにあるたくさんの製品《せいひん》が、素材会社《そざいがいしゃ》や加工会社《かこうがいしゃ》など、さまざまな会社《かいしゃ》の協力《きょうりょく》を得《え》て作《つく》られているのです。

部品《ぶひん》には、ネジ、ナット、ボルトなど多《おお》くの形《かたち》や素材《そざい》がありますが、中《なか》には面白《おもしろ》い名前《なまえ》の部品《ぶひん》もあります。

たとえば、ねずみちゅう鉄《てつ》。**炭素《たんそ》を多《おお》くふくんだ鉄《てつ》（ちゅう鉄《てつ》）をゆっくり冷《ひ》やすとネズミ色《いろ》になることから名付《なづ》けられました。**また、たけのこのように真《ま》ん中《なか》が突《つ》き出《で》たたけのこバネは、機械《きかい》の衝撃《しょうげき》をやわらげる部品《ぶひん》として使《つか》われています。イモムシに似《に》ているイモネジなどもあり、部品《ぶひん》の動植物園《どうしょくぶつえん》が開《ひら》けそうです。

意外《いがい》なカンケイ

ネジは紀元前《きげんぜん》2世紀《せいき》に水《みず》をくむ道具《どうぐ》の部品《ぶひん》としてアルキメデスが発明《はつめい》したという

農業《のうぎょう》ではロボットとAI《エーアイ》が大活躍《だいかつやく》

すごい

まかせて！
からっぽ

近《ちか》頃《ごろ》、ロボット技術《ぎじゅつ》やＡＩ（人《じん》工知能《こうちのう》）を活用《かつよう》した「スマート農業《のうぎょう》」が注目《ちゅうもく》されています。

昔《むかし》はクワを使《つか》って田畑《たはた》を耕《たがや》していましたが、**今《いま》では無人《むじん》で走《はし》るトラクターを使《つか》って自動《じどう》で耕《たがや》す**ことができます。水《みず》やりや農薬《のうやく》をまくのも、ドローンを使《つか》えばあっという間《ま》です。

さらに、**ドローンが上空《じょうくう》から撮影《さつえい》した農作物《のうさくぶつ》の写真《しゃしん》をＡＩが解析《かいせき》**して、成長具合《せいちょうぐあい》や病害虫《びょうがいちゅう》が発生《はっせい》していないかを自宅《じたく》で確認《かくにん》することもできます。

日本《にほん》の農家数《のうかすう》は約《やく》１７５万戸《まんこ》と、ここ20年《ねん》で半分以下《はんぶんいか》に減《へ》りました。人手不足《ひとでぶそく》や高齢化《こうれいか》が進《すす》む中《なか》で、少《すく》ない人手《ひとで》で収穫量《しゅうかくりょう》を増《ふ》やすことが、とても大切《たいせつ》な課題《かだい》となっています。

もっと知《し》りたい！

国産野菜《こくさんやさい》の収穫量《しゅうかくりょう》は1位《い》ジャガイモ、2位《い》キャベツ、3位《い》たまねぎ、4位《い》大根《だいこん》、5位《い》白菜《はくさい》

学校《がっこう》の先生《せんせい》の仕事《しごと》は授業《じゅぎょう》が終《お》わってからのほうが長《なが》い

子《こ》どもたちに勉強《べんきょう》を教《おし》えることは、学校《がっこう》の先生《せんせい》の仕事《しごと》の一部《いちぶ》分《ぶん》でしかありません。

毎朝《まいあさ》8時前《じまえ》には出勤《しゅっきん》して、授業《じゅぎょう》が始《はじ》まる前《まえ》に職員室《しょくいんしつ》で会議《かいぎ》をします。9時頃《じごろ》から授業《じゅぎょう》をしたら、お昼《ひる》は給《きゅう》食《しょく》の見守《みまも》り。5・6時限目《じげんめ》の授業《じゅぎょう》をして、掃除《そうじ》やクラブ活動《かつどう》の指導《しどう》をした後《あと》、夕方《ゆうがた》から次《つぎ》の授業《じゅぎょう》の準備《じゅんび》に取《と》りかかります。テストやプリントを採点《さいてん》したり、教材《きょうざい》や学級通信《がっきゅうつうしん》を作《つく》ったりします。これ以外《いがい》にもほかの学《がっ》校《こう》の先生《せんせい》たちと集《あつ》まって、授業《じゅぎょう》を見《けん》学《がく》し合《あ》ったりする「研修会《けんしゅうかい》」もあります。**仕事《しごと》が多《おお》い日《ひ》は、家《いえ》に帰《かえ》れるのが夜《よる》9時《じ》をすぎる**こともあります。

文部科学省《もんぶかがくしょう》の調査《ちょうさ》では、小学校《しょうがっこう》の先生《せんせい》が1日《にち》のうち学校《がっこう》にいる時間《じかん》は、11時間《じかん》ほど。そのうち授業《じゅぎょう》は、4時《じ》間前後《かんぜんご》ですから、じつは授業以外《じゅぎょういがい》の仕事《しごと》の時間《じかん》のほうが長《なが》いのです。

すべては、将来《しょうらい》の日本《にほん》を支《ささ》える子《こ》どもたちを育《そだ》てるため。先生《せんせい》は、みなさんが楽《たの》しく学校《がっこう》ですごせるように、ずっとがんばっているのです。

先生《せんせい》は、はたらきすぎ？

学校《がっこう》の先生《せんせい》はとてもやりがいのある仕事《しごと》ですが、先生《せんせい》の心《こころ》と体《からだ》を守《まも》ることも大切《たいせつ》。いつも元気《げんき》にはたらける環境《かんきょう》を作《つく》るため、授業以《じゅぎょうい》外《がい》の時間《じかん》を短《みじか》くする工夫《くふう》が、研究《けんきゅう》されています。

衝撃《しょうげき》の事実《じじつ》！

2023年《ねん》の全国《ぜんこく》の小学校数《しょうがっこうすう》は約《やく》2万校《まんこう》、小学校教員数《しょうがっこうきょういんすう》は約《やく》42万人《まんにん》で、約《やく》800校《こう》で教員《きょういん》が不足《ふそく》

日本《にほん》の会社《かいしゃ》の6割《わり》は 社員《しゃいん》4人《にん》以下《いか》

なるほど

会《かい》社《しゃ》と言《い》うと、たくさんの人《ひと》がオフィスではたらくイメージがあるかもしれません。でも実際《じっさい》は、会社《かいしゃ》は1人《ひとり》でもつくれます。

日本《にほん》にある会社《かいしゃ》（法人《ほうじん》）の数《かず》は約《やく》178万社《まんしゃ》。そのうちの約《やく》6割《わり》は、従業員《じゅうぎょういん》が4人《にん》以下《いか》です。小《ちい》さなお店《みせ》、工場《こうじょう》や職人《しょくにん》の作業所《さぎょうしょ》など、さまざまな形《かたち》があります。さらに**会社《かいしゃ》ではなく、個人《こじん》で仕事《しごと》をうけおっている人《ひと》も、210万人《まんにん》**ほどいます。

逆《ぎゃく》に、CMで名前《なまえ》をよく聞《き》くような大企業《だいきぎょう》は、全体《ぜんたい》の企業数《きぎょうすう》のわずか0・03%にすぎません。

たくさんの個人《こじん》や小《ちい》さな組織《そしき》が力《ちから》を合《あ》わせて、この社会《しゃかい》は成《な》り立《た》っているのです。

もっと知《し》りたい！

世界一従業員数《せかいいちじゅうぎょういんすう》が多《おお》い会社《かいしゃ》は、アメリカのスーパーのウォルマートで230万人《まんにん》

家事《かじ》は550万《まん》円《えん》近《ちか》く もらえる仕《し》事《ごと》

みなさんは「はたらく人《ひと》」と聞《き》いて、どんな人《ひと》を思《おも》い浮《う》かべますか。スーツや作業服《さぎょうふく》を着《き》て、会社《かいしゃ》や工場《こうじょう》で仕事《しごと》をする人《ひと》でしょうか。

でももっと身近《みぢか》に、家《いえ》の中《なか》にもはたらく人《ひと》はいます。**料理《りょうり》、洗濯《せんたく》、掃除《そうじ》、ゴミ出《だ》し。こうした家事《かじ》も、りっぱな「労働《ろうどう》」**なのです。

厚生労働省《こうせいろうどうしょう》の調査《ちょうさ》によると、夫婦《ふうふ》が1日《にち》に家事《かじ》に費《つい》やす時間《じかん》の合計《ごうけい》は、平均《へいきん》5時間《じかん》ほど。家事代行《かじだいこう》サービスの相場《そうば》は1時間《じかん》3000円《えん》ほどなので、仮《かり》に1年間《ねんかん》頼《たの》んだとすると、550万円近《まんえんちか》くかかることになります。

家事《かじ》ができなければ、会社《かいしゃ》や学校《がっこう》に行《い》くのもままなりません。いちばん大切《たいせつ》な仕事《しごと》は、家《いえ》の中《なか》にあります。

もっと知《し》りたい！

運転《うんてん》、買《か》い物《もの》、墓参《はかまい》り、宿題《しゅくだい》、場所取《ばしょと》りなど、さまざまな代行《だいこう》サービスがある

伝説《でんせつ》の学者《がくしゃ》

お金《かね》持《も》ちと貧《まず》しい人《ひと》の格差《かくさ》をなくそうとした

カール・マルクスさん

（1818～1883年《ねん》）

ドイツの哲学者《てつがくしゃ》・経済学者《けいざいがくしゃ》。『共産党宣言《きょうさんとうせんげん》』や『資本論《しほんろん》』を発表《はっぴょう》して、資本主義《しほんしゅぎ》の欠陥《けっかん》を指摘《してき》。社会主義国家《しゃかいしゅぎこっか》を打《う》ち立《た》てる必要性《ひつようせい》を説《と》いた。

格差《かくさ》をにくんだマルクスだが、自分《じぶん》ははたらかず、実業家《じつぎょうか》のフリードリヒ・エンゲルスにお金《かね》をもらいながら執筆活動《しっぴつかつどう》に励《はげ》んでいたんだ。

現在《げんざい》、社会主義《しゃかいしゅぎ》の国《くに》は、中国《ちゅうごく》、北朝鮮《きたちょうせん》、ベトナム、ラオス、キューバなど、世界《せかい》に数《すう》か国《こく》しかない。

マルクスが生《う》まれた19世紀《せいき》は、産《さん》業革命《ぎょうかくめい》によって、あらゆる分野《ぶんや》で工業化《こうぎょうか》が進《すす》んだ。これにより起《お》きたのが、格差《かくさ》（貧富《ひんぷ》の差《さ》）の拡大《かくだい》だよ。お金持《かねも》ち（資本家《しほんか》）は、労働者《ろうどうしゃ》をやとったり設備《せつび》を増《ふ》やしたりして、より多《おお》くの商品《しょうひん》を作《つく》ってかせぐようになった。一方《いっぽう》で、労働者《ろうどうしゃ》は安《やす》いお金《かね》ではたらかされたり、かんたんに仕事《しごと》をクビにされたりして貧《まず》しいままだったんだ。

こうした格差《かくさ》をなくしたいと思《おも》ったマルクスは、個人《こじん》（会社《かいしゃ》）ではなく、国《くに》が仕事《しごと》や財産《ざいさん》を管理《かんり》して、全員《ぜんいん》に平《びょう》等《どう》に分《わ》け与《あた》える仕組《しく》みを考《かんが》えた。これを「社会主義《しゃかいしゅぎ》」と言《い》うよ。

おわりに

『世《よ》の中《なか》のひみつ』を読《よ》み終《お》えて、
人々《ひとびと》がおたがいに関《かか》わり合《あ》って
生《い》きてくらしていくための工夫《くふう》を理解《りかい》したと思《おも》います。
多《おお》くのひみつを知《し》り、もっと調《しら》べてみたいことや、
深《ふか》く考《かんが》えてみたいことが出《で》てきたことでしょう。
とても素晴《すば》らしいことです。

あなたの身《み》のまわりには、「世《よ》の中《なか》のひみつ」が多《おお》くあります。
人《ひと》と人《ひと》が一緒《いっしょ》にくらすことで、困《こま》ったことが出《で》てきたら、
きっと、だれかが、その困《こま》りごとをなくそうと
何《なに》かの工夫《くふう》をしているはずです。それが、世《よ》の中《なか》のひみつです。
あなた自身《じしん》の生活《せいかつ》の中《なか》で困《こま》ったことがあれば、
どうしたら、人々《ひとびと》がお互《たが》いに幸《しあわ》せにくらすことができるか、
考《かんが》えてください。

この本《ほん》をきっかけに、世《よ》の中《なか》のことに興味《きょうみ》を持《も》ち、
よりよい世《よ》の中《なか》をつくろうと考《かんが》えてもらえるとうれしいです。

梅澤《うめざわ》真一《しんいち》

おもな参考文献《さんこうぶんけん》

『日本人なら知っておきたい！　モノのはじまりえほん』(日本図書センター)
『まるごとわかる「モノ」のはじまり百科②くらし・生活用品』(日本図書センター)
『はじまりはいつ？　今につながるくらしと文化 社会 物流は室町時代から』(汐文社)
『雑学大全』(東京書籍)
『教科書には載っていない日本地理の新発見』(青春出版社)
『つい誰かに話したくなる日本の教養・雑学大全』(三笠書房)
『現代民俗学入門』(創元社)
『なぜ僕らは働くのか』(Gakken)
『世界のあいさつ』(福音館書店)
『昔の道具　うつりかわり事典』(小峰書店)
『しらべ図鑑マナペディア　なんでも日本一』(講談社)

監修者

梅澤真一　うめざわ しんいち

植草学園大学発達教育学部教授。筑波大附属小学校主幹教諭を経て、現職。専門は初等社会科教育。日本社会科教育学会、全国社会科教育学会、日本地理教育学会に所属。東京書籍『新編 新しい社会』教科書編集委員。価値判断力・意思決定力を育成する社会科授業研究会代表。

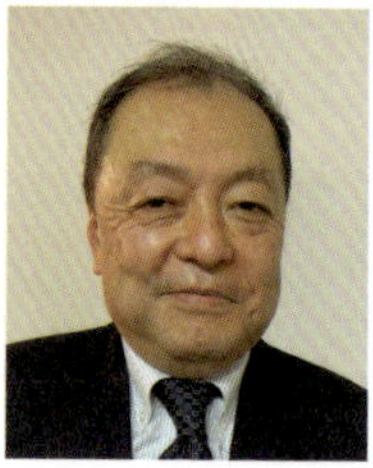

知れば知るほど好きになる

世の中のひみつ

監修者　梅澤真一
発行者　清水美成
編集者　外岩戸春香
発行所　**株式会社 高橋書店**
〒170-6014 東京都豊島区東池袋3-1-1 サンシャイン60 14階
電話　03-5957-7103

ISBN978-4-471-10463-4　©TAKAHASHI SHOTEN　Printed in Japan

定価はカバーに表示してあります。


本書の内容についてのご質問は「書名、質問事項（ページ、内容）、お客様のご連絡先」を明記のうえ、郵送、FAX、ホームページお問い合わせフォームから小社へお送りください。

回答にはお時間をいただく場合がございます。また、電話によるお問い合わせ、本書の内容を超えたご質問にはお答えできませんので、ご了承ください。

本書に関する正誤等の情報は、小社ホームページもご参照ください。

【内容についての問い合わせ先】
書　面　〒170-6014 東京都豊島区東池袋3-1-1 サンシャイン60 14階
高橋書店編集部
F A X　03-5957-7079
メール　小社ホームページお問い合わせフォームから　(https://www.takahashishoten.co.jp/)

【不良品についての問い合わせ先】

ページの順序間違い・抜けなど物理的欠陥がございましたら、電話03-5957-7076へお問い合わせください。ただし、古書店等で購入・入手された商品の交換には一切応じられません。